Henning Sietz

KURISCHE NEHRUNG

Henning Sietz

Kurische Nehrung

Herausgegeben von Mariola Malerek

Laumann-Verlag Dülmen

2. Auflage 1997

Frontispiz:
Düne auf der Kurischen Nehrung

BILDNACHWEIS

Sietz, Henning:
Umschlag, Seiten 36 (2 Fotos), 38, 52, 56, 57, 70, 76, 78, 80, 82, 83, 87, 88, 89, 92, 95, 96, 97, 99, 100, 114, 123, 125, 128, 129, 130, 133, 135 (2 Fotos), 136 (2 Fotos), 139, 140, 141 (2 Fotos), 143 (oben), 144, 146, 148 (2 Fotos), 151, 152, 158 (2 Fotos), 160 (2 Fotos), 161, 162, 165, 169, 177, 182, 186, 196, 198

Pawlow, N. (Königsberg):
Seiten 2, 16, 23, 26, 27, 105, 126, 130, 145, 179, 191, 192

Czerwiński, R. (Allenstein): Seiten 143 (unten), 188, 200

Mizgris Kazimieras (Nidden): Seite 28

Quaukies, C. (Berlin):
Seiten 30, 32, 34, 118, 122, 125, 153, 162 (2 Fotos), 181, 182

Gesamtherstellung: Laumann-Druck KG, D-48249 Dülmen
ISBN 3-87466-226-8

Inhalt

Vorbemerkung

Die Kurische Nehrung gehört zu den merkwürdigsten Landschaften in Europa. Riesige Wanderdünen, verwirrende Kupstenlandschaft, ein endloser Sandstrand, Heerstraße des Deutschen Ordens, die ehemalige Künstlerkolonie Nidden - man muß lang suchen, um eine Landschaft zu finden, in der sich Natur, Kultur und menschliches Dasein so eigenwillig zusammengefunden haben.

Dabei galt die langgestreckte, auffallend schmale Halbinsel zwischen der Ostsee und dem Kurischen Haff jahrhundertelang als Wüstenei und notwendiges Übel auf dem Weg von Berlin und Königsberg nach St. Petersburg. Der knirschende Sand unter den Wagenrädern hat Generationen von eiligen Reisenden in der schier endlosen Einöde zermürbt. Einer aber, der auf das Schlimmste gefaßt war, sah bei der Durchreise 1809 genauer hin, ließ die Natur auf sein Gemüt wirken - und schuf eine unsterbliche Bemerkung: »Die Kurische Nehrung ist so merkwürdig, daß man sie eigentlich ebensogut als Spanien und Italien gesehen haben muß, wenn einem nicht ein wunderbares Bild in der Seele fehlen soll.«

Wilhelm von Humboldt, der Pädagoge und spätere preußische Erziehungsminister, ist der Urheber dieses klassischen Nehrungszitats. Er steht am Anfang einer Reihe von Reisenden, die der Kurischen Nehrung regelrecht verfallen sind. Jachmann suchte 1825 die alten Dorfstellen auf, die von den beharrlich vorwärtsdrängenden Wanderdünen verweht worden waren. Louis Passarge, der Königsberger Jurist, fand sich um die Mitte des Jahrhunderts ein und beschrieb, präzise beobachtend, in wohlklingenden Worten die Nehrung. Bezzenberger untersuchte die schwierige Bevölkerungsfrage, Pfarrer Eugen Lotto widmete Schwarzort um die Jahrhundertwende einen eigenen Reiseführer. Eine Art »Nehrungsfieber« war ausgebrochen. Die Begeisterung dieser Forscher ist ihren Werken heute noch anzumerken. Einer der größten Enthusiasten war Louis Passarge, dessen Reiseberichte bemerkenswerterweise bis auf den heutigen Tag bestehen können.

Wer heute auf die Kurische Nehrung reist, hat es auf den ersten Blick leichter als die früheren Reisenden. Im Autobus fährt der Besucher in einer Stunde vom Schlagbaum bei Cranz nach Rossitten zur Vogelwarte, einem »Muß« der südlichen Nehrung. Unterwegs mag man sich wundern: Rechts und links nur Wald, von den sagenhaften Wanderdünen ist nichts zu sehen. Nächste Station: das Thomas-Mann-Haus und die Hohe Düne in Nidden. *So kann* man einen Sommertag auf der Kurischen Nehrung verbringen – und meinen, man kenne die Nehrung. Man kann es aber auch anders machen.

Die Kurische Nehrung ist ein schwieriges Reisegebiet, vor allem für verwöhnte Touristen. Mittendurch eine Staatsgrenze mit Visapflicht auf beiden Seiten, so gut wie keine Hotels und Restaurants im Süden, dazu zwei fremde Sprachen. Die Reglements der beiden Naturparke legen gewisse Beschränkungen auf. So bleibt die Kurische Nehrung etwas für entschlossene Besucher, die eine der merkwürdigsten Landschaften in Europa erkunden wollen.

Die erhaltenen Wanderdünengebiete, der Wandel der alten Fischerdörfer in den letzten Jahrzehnten, die Spuren der Künstlerkolonie in Nidden, der deutschen Vogelwarte in Rossitten, die Villen in Schwarzort – über all dies wird der Leser vieles erfahren. Wer schon immer wissen wollte, wo das älteste Stück der Poststraße liegt, wo das Jagdhaus Uhlenhorst stand, wer noch nicht weiß, wo die alte Gleisstrecke auf der Nehrung verlief, wer die Orte der alten Dorfstellen zumindest ungefähr kennen will, der wird in diesem Reiseführer Anregungen und Ratschläge finden. Zum anderen ist die Kurische Nehrung wie geschaffen für Wanderungen, für die langsame Fortbewegung zu Fuß. Autofahrer haben es dafür um so schwerer: Ihnen teilt sich die Nehrung nur schwer mit. Zuallererst sei der Rat gegeben: Bringen Sie Muße mit, die Nehrung hat ihr eigenes Maß an Zeit. Der Wanderer ist derjenige, der auf der Nehrung belohnt wird.

Das Buch mag auch für jene eine Bereicherung sein, die mit der Kurischen Nehrung gut vertraut sind – als Besucher in früheren Jahren, vor allem aber für ehemalige Bewohner der Nehrungsdörfer, die ihre Heimat besuchen. Der Autor hat sich entschlossen, den vorliegenden Reiseführer mehr als üblich auf die Vergangenheit zu stützen - mit der bangen Frage, was von dem Alten sich in die neue Zeit hat retten können. Das Ergebnis fiel nicht immer positiv aus. Da waren fast fünfzig Jahre zu überbrücken, um das Vergangene an die Gegenwart heranzuführen.

Es versteht sich, daß ein Buch dieser Art nur mit Unterstützung früherer Bewohner geschrieben werden konnte. Der Autor dankt allen sehr herzlich, die zu diesem Buch durch Informationen, Kritik und Anregungen beigetragen haben, besonders den früheren Bewohnern der Fischerdörfer der Kurischen Nehrung: Dorothea Beckmann (Demker), Maja Ehlermann-Mollenhauer (Mainz), Dietrich Eschment (Lüneburg), Elisabeth Kluwe (Varel-Seghorn), Helmut Kubillus und Herbert Kubillus (Rickert) sowie Armin Toll (Hamburg).

Der Reiseführer hätte in der vorliegenden Form nicht erscheinen können ohne die Unterstützung von Kristof Berking (Hamburg), Galina Iwanowna Fajewskaja (Rossitten-Rybatschi), Faina Michailowna Jurtschenko (Rossitten-Rybatschi), Dr. Eckhard Matthes (Lüneburg), Rainer Neumann (Hamburg) und Rosie Thomsen (Hamburg). »Schnieder Reisen« (Hamburg), das Institut Nordostdeutsches Kulturwerk (Lüneburg), das Ostpreußische Landesmuseum (Lüneburg), das Samlandmuseum (Pinneberg) und die Verwaltung des Staatlichen Russischen Naturparks Kurische Nehrung haben ebenfalls zum Gelingen des vorliegenden Buches beigetragen. Allen ist der Autor zu Dank verpflichtet.

Henning Sietz
Hamburg, im Frühjahr 1996

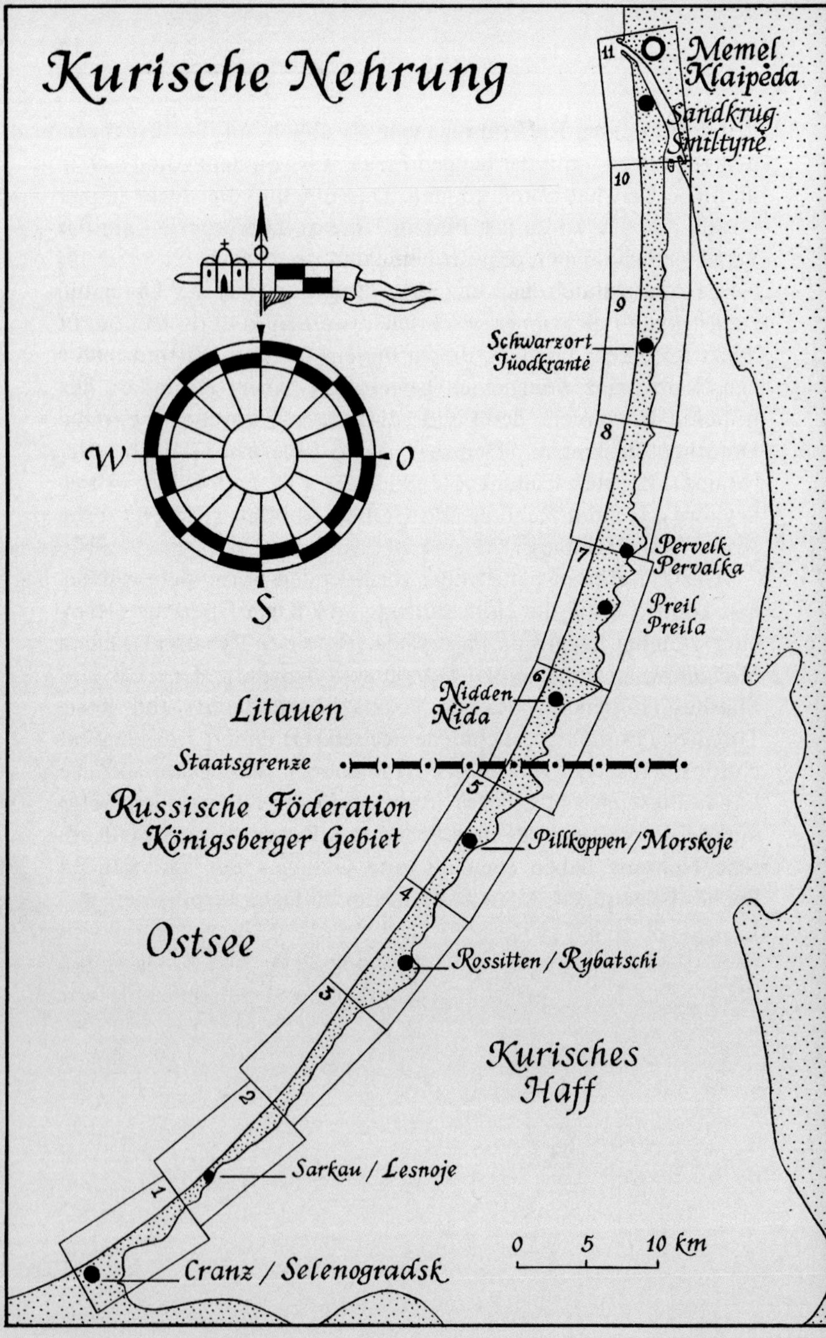

Kurische Nehrung
Memel
Klaipėda
Sandkrug
Smiltynė
11
10
9
Schwarzort
Juodkrantė
8
W
O
S
7
Pervelk
Pervalka
Preil
Preila
6
Nidden
Nida
Litauen
Staatsgrenze
Russische Föderation
Königsberger Gebiet
5
Pillkoppen / Morskoje
4
Ostsee
Rossitten / Rybatschi
3
Kurisches
Haff
2
Sarkau / Lesnoje
1
0 5 10 km
Cranz / Selenogradsk

Entstehung von Haff und Nehrung

Setzt man das Alter der Erde mit den 365 Tagen eines Jahres gleich, so entstand die Kurische Nehrung am 31. Dezember um 23 Uhr, 59 Minuten und 11 Sekunden - mithin 49 Sekunden vor Neujahr. Über ihre Ausformung gibt das altpruzzische Wort »neri« Auskunft, das so viel wie »aufgeworfenes Land« bedeutet. Die Brandung der Ostsee warf Sand auf den Strand, der vom Wind getrocknet und weitergetragen wurde. Dieser Prozeß der Küstenbildung bzw. Ausgleichsküste ist bis heute an der südlichen Ostseeküste zu beobachten.

Durch eiszeitliche Gletscher bildete sich im Bereich von Nehrung und Haff eine etwa 80 m starke Schicht aus Geschiebemergel (Lehm). Dieser Diluvialboden wurde von der Ostsee vor etwa 8000 Jahren zwischen Samlandküste und den Memeler Höhen überflutet - mit Ausnahme von »Diluvialinseln« um das heutige Rossitten und das Gebiet Cranz-Sarkau, die über dem Meeresspiegel lagen. Die Bucht war wesentlich größer als das heutige Haff und erreichte eine Tiefe von 24 bis 26 Metern. Durch die West-Ost-Strömung lagerte die Ostsee die an der samländischen Küste fortgespülten Sandmassen bei Cranz-Sarkau und der Insel bei Rossitten an. Man schätzt das Wachstum der Küstenbildung auf vier bis sechs Meter im Jahr.

Gäbe es die Zuflüsse ins Haff nicht, die Nehrung wäre längst eine Landbrücke, das Haff vermoort. Doch die Wassermassen der Memel hielten an unterschiedlichen Stellen ständig eine Öffnung in die Ostsee frei. Drei solcher Tiefs hat es vermutlich gegeben: zwischen Cranz und dem heutigen Schlagbaum, nördlich von Sarkau im Kaalland und das heutige Memeler Tief. Vermutlich haben die Wikinger, die bei Cranz eine befestigte Siedlung gründeten, das Cranzer Tief mit ihren Booten befahren. Noch heute ist der Ort dieses Tiefs, die Wurzel der Nehrung, an der Haffseite durch (zum Teil verlandete) Moore erkennbar. Auch das tiefliegende Kaalland - dort befindet sich die schmalste Stelle der Nehrung - ist immer

Seiten 12 und 13: Bizarre Dünenformation auf der Kurischen Nehrung

wieder überflutet worden. Durch die Jahrhunderte mußten die Samländer dort Dämme und Strauchzäune errichten.

Die ehemals recht flache Nehrungsplatte nahm weiterhin Sand der Ostsee auf, so daß sich Dünen bildeten. Diese sogenannten Urdünen hatten eine andere Gestalt als die heutigen Wanderdünen: Sie waren flacher, vor allem lagen sie fast quer zur Nehrung und waren durch kleine Täler voneinander getrennt. Alte Karten der Nehrung zeigen anschaulich das unruhige Fleckenmuster dieser Urdünen. Es bildete sich allmählich Nadel- und Laubmischwald, der imstande war, die Sandberge festzulegen. Erst zu diesem Zeitpunkt wurde die Nehrung besiedelt.

Es gehört zu den ungeklärten Fragen der Kurischen Nehrung, warum der alte Nehrungswald etwa 4000 Jahre bestehen blieb, wo doch die Ostsee durch die westöstliche Strömung weiterhin Sandmassen heranführte. Möglicherweise konnte der Nehrungswald eine längere Zeit den Sand ohne größere Beeinträchtigung aufnehmen. Auch mit zeitweiligen Hebungen und Senkungen der Bodenformationen suchte man sich diese Frage zu erklären. Vermutlich brachten die Nehrungsbewohner in der Ordenszeit dieses Gleichgewicht durch Rodungen ins Wanken. Jedenfalls kommt es ab dem 16. Jh. zu Klagen über Flugsand, der in die Wälder eindrang und sich bedrohlich zu Sandbergen häufte. Die Memeler rodeten das Nordende der Nehrung, die Sarkauer lichteten im Süden den alten Sarkauer Wald. Die Kolonisten, die in der Mitte der Ordenszeit die Nehrung besiedelten, betrieben Brandrodung. Als die Russen im Siebenjährigen Krieg große Teile Ostpreußens besetzten und für den Schiffbau Holz auf der Nehrung schlugen, war der Nehrungswald bereits erheblich dezimiert. Nachdem sie abgezogen waren, zeigte die Forstverwaltung an der Nehrung kaum noch Interesse, denn nennenswerte Waldgebiete gab es nur noch bei Sarkau, Nidden und Schwarzort.

Die Nehrung ändert ständig ihre Gestalt. Die Ostsee schwemmt Sand an – und trägt ihn wieder fort. Ergebnis ist die säbelartige Gestalt der Nehrung, die auf starken Strandabbau bei Cranz und Sarkau schließen läßt (bis zu zwei Meter im Jahr). Andererseits unterliegt auch das Haffufer aufgrund einer starken Nord-Süd-Strömung längs des Ufers ständigen Veränderungen. In der Gegend von Rossitten betrug der Uferabbau etwa einen Meter im Jahr, bei Eisgang sind die Verluste besonders stark. Als Alexander von Humboldt im April 1829 bei Sandkrug auf die Überfahrt wartete, berichtete ihm der Krüger, daß bei Eisgang jüngst siebzig Meter Land fortgerissen worden waren. 1890 fiel bei Nidden das Vorland, ein sechzig Meter breiter und zwei Kilometer langer Streifen am Ufer, dem Haff zum Opfer. Durch Sturzdünen und Flugsand kommt es andererseits zu Hakenbildung, also zu einer Verbreiterung der Nehrung. In der Summe der Wirkungen verlagert sich die Nehrung nach Osten.

Auch Lage und Beschaffenheit des Kurischen Haffs haben sich stark geändert. Treibende Kraft waren - außer den Wanderdünen, die in das Haff stürzten - die Wassermassen der Memel, die Sedimente ablagerten. War das Haff zur Zeit der Überflutung durch die Ostsee etwa 24 bis 26 Meter tief, so beträgt die durchschnittliche Tiefe heute vier bis fünf Meter. Problematisch ist der hohe Wasserstand des Haffs, der etwa fünfzig Zentimeter bis ein Meter über dem der Ostsee liegt, bei Westwinden sogar wesentlich mehr. Überschwemmungen der Nehrung durch ausbrechendes Grundwasser, das stellenweise nur ein Meter unter der Erdoberfläche liegt, haben hier ihren Ursprung. So verlegten die Bewohner von Rossitten ihren Kirchhof zum Weißen Berg, weil sie es leid waren, ihre Toten im Wasser beizusetzen.

Geschichte

Funde von Wohnstätten und Siedlungen, deren Zahl in die Hunderte geht, lassen als gesichert annehmen, daß die Kurische Nehrung in der jüngeren Steinzeit vor 4000 Jahren dicht besiedelt war bzw. in den für die Fischerei günstigen Monaten des Jahres regelmäßig aufgesucht wurde. Bei Pillkoppen und Nidden fanden sich Tonscherben, bei Sarkau stieß man auf Urnen, Bernsteinkorallen und Angeln, am Predinberg bei Rossitten existierten steinzeitliche Wohnstätten. Steinäxte, Mahlsteine, Pfeilspitzen, Schneidewerkzeuge usw. waren unter den Funden. Bei Schwarzort entdeckten

Seiten 16 und 17: Wellengang auf der Ostsee

Arbeiter um die Mitte des 19. Jh. Bernsteinschnitzereien aus der frühen Steinzeit: grob stilisierte Menschen- und Tierfiguren, Amulette, Knöpfe und Schmuck aus Rohbernstein. Die Funde lagen ohne Ausnahme in der Humusschicht, die die Landschaft der Urdünen bedeckt. Der alte Nehrungswald, der seit dem 16. Jh. verschüttet wurde, steht also in direktem Zusammenhang mit jenem Wald, in dem die Fischer vor 4000 Jahren lebten. Für die folgende Bronzezeit und die Eisenzeit liegen ebenfalls Funde von Wohnstätten vor, unter anderen siedelten sich Wikinger am Kurischen Haff an, wovon die jahrhundertelang bestehende Siedlung Wiskiauten bei Cranz Zeugnis ablegt.

Zu Beginn der Ordenszeit lebten im Norden der Kurischen Nehrung - sie hieß damals »Nestland« - Kuren, im Süden vermutlich Pruzzen. Für den Deutschen Orden war die Halbinsel als Verbindungsweg nach Livland und Kurland von außerordentlicher Bedeutung. Schon bald bürgerte sich die Bezeichnung »Neria curonensis« ein - die Nehrung, die nach Kurland führt. Der Bau der Memelburg (1252) sollte denn auch diese Heerstraße sichern. Da die Nehrung nicht nur Heerstraße der Ordensritter auf ihren »Litauerfahrten« war, sondern umgekehrt auch Einfallstor der Samaiten ins Samland, errichtete der Orden 1283 die Feste Neuhaus nahe Pillkoppen, die ab Mitte des 14. Jh. von einem festen Haus bei Rossitten abgelöst wurde. Rastplätze waren Rossitten und das Windenburg gegenüberliegende Pargolt, ferner wurden Krüge zur Versorgung der Ordensleute eingerichtet. Vermutlich war die Nehrung in der Zeit der »Litauerfahrten« gering besiedelt: Die Gefahr für Leib und Leben war zu groß. In der frühen Ordenszeit wurde die Nehrung durch eine Grenzlinie vier Kilometer südlich des heutigen Nidden in eine nördliche und eine südliche Hälfte geteilt. Die heutige russisch-litauische Staatsgrenze folgt dieser Linie recht genau.

Nach dem Frieden von Melnosee (1422) trafen neue Siedler ein, vor allem Kolonisten aus dem Norden, in der Mehrheit die den Letten verwandten Kuren, die vom Fischfang lebten. Während sich in Rossitten und Kunzen überwiegend Deutsche niederließen, zogen die Kuren nach Sarkau, Pillkoppen und an andere Stellen.

Die Jahre 1550 bis 1650 bedeuteten einen Niedergang für alle Nehrungsdörfer, im 17. Jh. setzte wiederum eine Besiedlung durch Kuren ein, vor allem nach Lattenwalde und Preden.

1629/35 standen die Kurische Nehrung und große Teile des Samlandes unter schwedischer Besatzung. Im Siebenjährigen Krieg sollen Russen in Galeeren bei Rossitten gelandet sein, Klagen über rücksichtslosen Holzschlag wurden laut. Im Januar 1807 floh die preußische Königsfamilie vor den heranrückenden Franzosen über die Nehrung, was zu zahlreichen Legenden Anlaß gab. Am 3. Januar 1807 reisten zunächst die Prinzen - die späteren Könige Friedrich Wilhelm IV. und Wilhelm I. - aus Königsberg mit sechs Kutschen über die Nehrung nach Memel, wo der Zug am 5. Januar wohlbehalten eintraf. Die schwer erkrankte Königin Luise folgte am 5. Januar 1807 nach - mal über die Poststraße, wie die einen sagen, mal über das zugefrorene Kurische Haff, wie andere Quellen behaupten. Wie dem auch sei, die »Königin-Luise-Pfähle« genannten Meilenpfosten zwischen Cranz und Sarkau markierten die angeblichen Rastplätze der Königin. 1812 zog ein Teil der französischen Armee über die Nehrung nach Rußland, worunter die Bewohner stark zu leiden hatten.

In der zweiten Hälfte des 19. Jh. setzte der Fremdenverkehr ein, zunächst in Schwarzort, dann in den anderen Dörfern. Gasthöfe und Hotels wurden gebaut, Restaurants und Jugendherbergen. Neue Bevölkerungsschichten - Beamte, Ärzte, Wissenschaftler und Gastwirte - zog es auf die Nehrung. Die Fischer sahen ihre Chance gekommen und bauten die Dachstühle ihrer Holzhäuser aus, mauerten Kamine hoch, deckten die Dächer mit Ziegeln - oder bauten sich gleich massive neue Häuser. Viele der rohrgedeckten, schornsteinlosen Fischerhäuser fielen dem Fremdenverkehr zum Opfer.

Nach dem Ersten Weltkrieg wurde das sogenannte Memelgebiet - Stadt Memel mit den Landkreisen Memel (einschließlich dem nördlichen Teil der Nehrung), Heydekrug und Pogegen - dem Völkerbund unterstellt, der die Verwaltung am 16. Februar 1920 an Frankreich übergab. Am 10. Januar 1923 besetzten etwa 4000 litauische Freischärler das Memelgebiet. Am 8. Mai 1924 erfolgte die Übergabe an Litauen, das eine autonome Region von Klaipėda einrichtete. Die folgenden Jahre waren für die Nehrungsbewohner zum Teil sehr hart. Auf Druck des nationalsozialistischen Deutschland gab Litauen das »Memelgebiet« am 22. März 1939 wieder an Deutschland zurück. Kurz darauf hielt Hitler seine Anschlußrede vom Balkon des Theaters in Memel.

Im Januar 1945 wurde die Kurische Nehrung von der Roten Armee überrollt, deren Bevölkerung zu einem Großteil unter dramatischen Umständen floh und sich in die endlosen Kolonnen der Flüchtlinge in Richtung Westen einreihte. Der nördliche Teil der Kurischen Nehrung wurde der Litauischen Sowjetrepublik zugeschlagen, der südliche Teil kam zur Kaliningradskaja Oblast, dem Königsberger Gebiet. 1947/48 wurde per Beschluß aus Moskau die restliche deutsche Bevölkerung, die im nördlichen Ostpreußen geblieben war, in Züge gesetzt und nach Deutschland ausgewiesen, allein im Memelland 1076 Personen. Erstaunlicherweise leben im Memelland und auf der nördlichen Nehrung heute immer noch Deutschstämmige.

Zur Bevölkerung: Seit dem 16. Jh. gilt die Nehrung als dreisprachig - deutsch, kurisch, litauisch. Über die ethnische Zusammensetzung hat es viel Rätselraten und manchen Konflikt gegeben. Der Schwarzorter Pfarrer Eugen Lotto stellte nach Auswertung der Kirchenakten Karwaitens fest, daß Ende des 18. Jh. im Kirchspiel Karwaiten, das von Nidden bis Sandkrug reichte, 20 Prozent Deutsche lebten, 40 Prozent Kuren und 40 Prozent Litauer. Im 19. Jh. folgte der große Umbruch. Bezzenberger ermittelte für die 1880er Jahre folgende Zusammensetzung: Deutsch wurde in den Orten Rossitten und Neu-Kunzen gesprochen, mit Abstrichen auch in Sarkau; in Pillkoppen deutsch, teils litauisch; Nidden, Preil und Perwelk: lettisch (kurisch); Schwarzort: lettisch (kurisch) und litauisch. Bei der Befragung im Jahre 1920 gaben im Kirchspiel Nidden 6,5 Prozent der Bevölkerung an, Litauer zu sein, im Kirchspiel Schwarzort lebten 12,9 Prozent Litauer.

Die Poststraße

Heerstraße, Landstraße, Poststraße, Nehrungsstraße, Memeler Weg, Grüner Weg, Sarkauer Landstraße, Chaussee und Kelias – die Straße, die über die Nehrung führt, hat viele Namen gehabt. Und so häufig sie die Bezeichnung wechselte, so oft änderte sie auch ihren Verlauf.

Zur Zeit des Deutschen Ordens war die Nehrung eher eine Heerstraße denn ein Verkehrsweg. Die Ordensritter hielten über die Nehrung Verbindung mit den livländischen Besitzungen – und benutzten sie auf ihren »Litauerfahrten«, wie die Kriegszüge damals genannt wurden. Heerstraße war die Nehrung aber auch in umgekehrter Richtung. Ordens-Chronist Peter von Dusburg berichtete, daß 1283 800 litauische Reiter über die Nehrung ins Samland einfielen, 1308 zogen 5000 Samaiten über die Halbinsel. Zur Versorgung der Ordensleute wurden die Krüge Rossitten, Sarkau, Nidden, Kunzen, Negeln, Karwaiten und Sandkrug eingerichtet, die stets von Deutschen geführt wurden. In der Nachordenszeit folgten die Krüge von Lattenwalde, Pillkoppen und Schwarzort. Sie gelten als Keimzellen dörflicher Siedlungen.

Nach der Ordenszeit wurde die Nehrung zu einem international bedeutsamen Verkehrsweg zwischen Mittel- und Westeuropa und dem Baltikum, der nach der Gründung von St. Petersburg auch in die Hauptstadt des Russischen Reichs führte. Potentaten und Diplomaten, Kuriere und Agenten, Wissenschaftler und Kaufleute zogen über die Nehrung. Der gesamte Postverkehr lief über die Halbinsel, wobei die Postreiter und Kuriere sich ihren Weg selber suchen mußten, denn einen ausgebauten Weg gab es nicht. Meist ritten die Kuriere am Haffufer entlang: Kamen sie wegen Treibsands, Dünenstürzen, Eisgangs usw. nicht weiter, wichen sie an den Ostseestrand aus.

Die 1796 bis 1802 aufgenommene Schroetter-Karte gibt den Verlauf der Poststraße wie folgt an: von Cranz mitten durch den Sarkauer Wald bis Sarkau, von dort dicht am Haffufer entlang bis zum Kunzener Krug. Bei Kunzen gabelt sich die Straße: Ein Weg führt längs des Haffufers bis Rossitten, ein anderer verläuft zwischen den Bruchbergen und dem Möwenbruch. Nördlich von Rossitten, in der Höhe der Schwarze-Berg-Bucht, vereinen sich beide Wege. Weiter am Ostseestrand entlang, vorbei an Nidden (zwei Abzweige) bis Schwarzort, wo die Straße zum Haffufer schwenkt und durch den Ort führt. Nördlich von Schwarzort wieder am Ostseestrand entlang bis in die Höhe des Schweinerückens, dann in der Mitte der Nehrung bis Sandkrug.

Wenn Königin Luise tatsächlich über die Poststraße nach Memel geflohen ist – und nicht mit dem Schlitten auf dem Haffeis fuhr –, so muß sie diese Route genommen haben.

Ein Blick auf die Karte zeigt, daß die Nehrungsstraße heute ganz anders verläuft. Von der alten Poststraße ist nur eine Teilstrecke, der »Grüne Weg« zwischen Cranz und Sarkau, erhalten, der bis auf eine kurze Strecke vor Sarkau akkurat der alten Poststraße von 1802 folgt.

Außer den Krügen standen Kurieren und Reisenden die vier Poststationen Sarkau, Rossitten, Nidden und Schwarzort zur Verfügung. 1817 stellte man alle Viertelmeile Holzpfeiler auf, 1827 wurden zur Markierung des Fahrwegs Weiden angepflanzt. Durch den Bau der Straße von Tilsit nach Tauroggen 1829 verlor die Poststraße stark an Bedeutung – bis zum Beginn des Fremdenverkehrs. In den Jahren 1902/10 wurde eine einfache Fahrstraße über die Nehrung angelegt, die der alten Poststraße – siehe oben – so gut wie nirgendwo mehr folgt. Nur ausgewählte Personen und Instanzen – der Arzt, die Post, der Pillkoppener Autobus, später die Segelfliegerschule – durften mit Kraftfahrzeugen die Schranke bei Sarkau passieren. Die heutige Nehrungsstraße, die nach 1945 asphaltiert wurde, folgt dem Fahrweg von 1910, bis auf kurze Strekken bei Cranz, nördlich von Sarkau und bei Sandkrug.

Die Wanderdünen …

Die Kurische Nehrung ist in ihrer heutigen Gestalt das Ergebnis einer ökologischen Katastrophe und deren verantwortungsbewußter Bewältigung. Seit dem 16. Jh. wurden Klagen über Flugsand und Wanderdünen laut. Der Sand drang in den alten Nehrungswald

Karges Auskommen im Dünensand der Kurischen Nehrung

ein, verschüttete nach und nach jeden Baum, zerstörte Wiesen, Ackerland und Gärten. War die natürliche Hürde des Nehrungswaldes überwunden, wuchsen die Wanderdünen immer höher und marschierten mit einer Geschwindigkeit von fünf bis sieben Metern im Jahr voran. Innerhalb weniger Stunden konnte ein Sturm die Landschaft vollkommen verändern. Dann »rauchten die Dünen«, wie die Bewohner die Sandwolken nannten. So beeindrukkend die großen Wanderdünen auch waren, weitaus gefährlicher waren die kleineren Sandberge: Sie marschierten am schnellsten voran, ihr Weg war kaum berechenbar.

1770/94 verschwand der Wald von Karwaiten, Negeln wurde 1836/54 verweht, die starken 400- bis 600jährigen Eichen bei Schwarzort versandeten um 1860. Fünf Dörfer - Lattenwalde, Kunzen, Preden, Karwaiten und Negeln - mußten vollständig aufgegeben werden, andere wurden verlegt, manche sogar mehrfach wie Pillkoppen. Negeln rückte vor dem Sand rund sieben Kilometer nach Süden - bis es in jene baumlose Wüstenei vordrang, der bereits Karwaiten entflohen war. Nidden war etwa vier Kilometer nach Norden verlegt worden. Alt-Kunzen wanderte etappenweise nach Nordosten - und konnte doch nicht gehalten werden.

Durch die Jahrhunderte hatten die Bewohner alle zwei, drei Generationen ihre Häuser abbrechen müssen. Doch in der Mitte des 19. Jh. weigerten sie sich - trotz günstiger Angebote der Regierung, sie woanders anzusiedeln.

... und ihr Bezwinger Franz Epha

Die Bezwingung der Wanderdünen im 19. Jh. hat viele Väter. Nach 1803 begann Björn mit der Anlage der Vordüne bei Cranz. Sein Nachfolger Senftleben führte das Werk fort und bepflanzte die Rossittener Plantage. In Nidden rettete David Kuwert durch Anpflanzungen das Posthaltergrundstück vor der Versandung, 1864 nahm sich Wilhelm Sandner bei Sandkrug der Süderspitze an. Ihre Arbeit mußte aber Stückwerk bleiben, weil die rechte Methode noch nicht gefunden war.

Wilhelm Franz Epha gilt zu Recht als der Bezwinger der Wanderdünen. 1828 in Goldap geboren, besuchte er die Forstschule und trat in das Ostpreußische Jägerbataillon ein. 1857 betreute er als Forstschutzbeamter die Memeler Kaufmännische Plantage. In das Jahr 1864 fällt die wichtige Berufung Franz Ephas als Königlicher Dünen-Plantagen-Inspektor und Badekommissar nach Cranz. Hintergrund war die Entscheidung der preußischen Regierung, die Kurische Nehrung zu retten: Immerhin standen die Nehrungsdörfer, die Haff-Fischerei, die Poststraße und das Memeler Tief mit dem Hafen auf dem Spiel.

So bedeutend Franz Ephas Arbeit auch war, die Grundlage seines Erfolgs war die Existenz der acht bis zehn Meter hohen Vordüne am Ostseestrand. Deren Bau zieht sich durch das ganze 19. Jh. Man bediente sich dabei einer denkbar einfachen Methode: In mehreren schnurgeraden Reihen etwa siebzig Zentimeter hoher Strauchzäune fing sich der Flugsand und bildete einen ständig wachsenden Sandwall. War nach einiger Zeit der Zaun verschüttet, legte man auf dem Wall neue Reihen von Strauchzäunen an. Dazwischen wurden Sandgräser gepflanzt, meist Strandhafer (Ammophilia arenaria) und Strandroggen (Elymus arenarius), die mit ihren tiefen Wurzeln das Grundwasser erreichen, äußerst anspruchslos sind und bei Versandung stets durchwachsen. Der Wall der Vordüne erhöhte sich also durch die Strauchzäune von allein und bewuchs sich durch die Sandgräser von selbst.

Was die Bepflanzung der großen Dünen anging, so bestand die herkömmliche Methode darin, zunächst Strandhafer und andere Sandgräser anzupflanzen, anschließend Stranddisteln und Platterbsen. Zwischen ihnen bildete sich Moos, das den Grund für die Krüppelkiefer vorbereitete.

Dieser Prozeß konnte sich über Jahrzehnte hinziehen. Soviel Zeit hatte Franz Epha nicht. Deshalb entwickelte der Düneninspektor die Krausesche Methode weiter: Wie seine Vorgänger ließ Epha die Dünen zunächst mit Sandgras bepflanzen, dann wurden Kiefernballen eingesetzt. Ab 1877 verfeinerte er die Methode: Er ließ auf den Dünen rechtwinklig sich kreuzende, etwa dreißig Zentimeter hohe Strauchzäune aus Reisig und Rohr anlegen, in deren Kammern Zwergkieferpflänzchen gesetzt wurden. Später kam die Bergkiefer, bekannt auch als Krummholzkiefer oder Latsche (Pinus montana) hinzu, deren Abart, die Hakenkiefer (Pinus uncinata), sich als besonders geeignet für die Nehrung erwies. Dieses Bäumchen wächst vor allem in die Breite. Später wurde die Bergkiefer durch die Waldkiefer (Pinus silvestris) ersetzt. Man rechnete, daß ein Hektar bepflanzter Düne den Staat im Durchschnitt 500 Mark kostete. (Zum Vergleich: Ein Tagelöhner verdiente damals 1,20 Mark). Rund die Hälfte des 79 Kilometer langen Dünenwalls blieb unbepflanzt, so daß sich bis heute vier große

Buhnen am Ostseestrand

Dünengebiete erhalten haben: Sarkau-Rossitten, Rossitten-Pillkoppen, Pillkoppen-Nidden und Perwelk-Schwarzort (siehe Kilometerschema).

Die Methode war gefunden, die Zeit drängte. Ephas erste große Aufgabe begann 1877 mit der Festsetzung der Bruchberge, wofür der Düneninspektor seinen Wohnsitz nach Rossitten verlegte. 1882 war das Werk getan, das Möwenbruch war gerettet. 1887/91 gelang ihm das Meisterstück: Vor Pillkoppen besiegte er den bedrohlich über der Ortschaft hängenden Petschberg, der bereits die ersten Häuser erreicht hatte. Aus Dankbarkeit nannten die Pillkoppener

Abendstimmung am Ostseestrand

1891 den Gipfel der Düne »Ephas Höhe« und errichteten an der Nehrungsstraße einen Gedenkstein. Ab 1897 bepflanzte er die Dünen bei Preil und Perwelk – Wetzekrugsberg, Preilscher Berg, Karwaitenscher Berg und Kirbsteberg. 1875/85 legte Franz Epha den Urbo-Kalns und den Angiu-Kalns bei Nidden fest, ab 1891 begannen auch die Arbeiten bei Schwarzort und Süderspitze. Wie kein anderer hat Franz Epha die landschaftliche Gestalt der Kurischen Nehrung geformt.

Den Zeitgenossen war der gestrenge Düneninspektor, Strandvogt, Oberfischmeister und Oberbademeister stets etwas unheimlich gewesen, lag doch all die Jahre auf seinem Schreibtisch ein Schädel aus einem der verwehten Kirchhöfe der Nehrung. Für seine Verdienste erhielt Franz Epha 1896 den Roten Adlerorden 4. Klasse, eine für Bürgerliche sehr hohe Auszeichnung. 1903 trat Franz Epha im Alter von 76 Jahren in den Ruhestand und verstarb am 16. September 1904 hochgeachtet in Rossitten.

Fauna

Bis Mitte des 20. Jahrhunderts gab es auf der Kurischen Nehrung weder Rot- noch Schwarzwild. Heute sind sowohl Hirsche als auch Wildschweine auf der Nehrung zu finden - mit bedenklichen Auswirkungen für das labile ökologische Gleichgewicht. 1989 zählte man im südlichen Teil hundert Wildschweine. Ebenfalls heimisch geworden sind der Biber und der amerikanische Nerz. Auch die Biene ist wieder auf die Nehrung gekommen, wenn auch nur als Gast einer wissenschaftlichen Versuchsstation bei Perwelk. Als Brutvögel sind u.a. der Blauspecht, der Eichelhäher, Nußbeißer (Nußhacker) und der Höckerschwan neu auf der Nehrung.

Elch auf der Kurischen Nehrung

Nach 1945 war der Elch nur noch vereinzelt oder gar nicht auf der Nehrung anzutreffen. In den letzten Jahrzehnten wurde er wieder heimisch - und das in größeren Zahlen, als den Forstverwaltungen lieb sein kann. Der Schaden an Bäumen, besonders an gerade gepflanzten Setzlingen, ist beträchtlich und macht oft sämtliche Wiederaufforstungen zunichte. Auch mit größeren Bäumchen wird der Elch spielend fertig: Er reitet sie nieder, indem er im Laufen den Stamm zwischen die Vorderläufe nimmt und niederdrückt. Dann kann er bequem die jungen Triebe an der Krone erreichen. 1989 zählte man im südlichen Teil sechzig Elche.

Im Herbst ziehen pro Tag Hunderttausende Zugvögel - mehr als hundertfünfzig Arten - über die Halbinsel. Etwa hundert Arten leben und nisten auf der Nehrung, die stattlichsten sind der Graureiher und der Kormoran.

Flora

Waren 1939 etwa 50 Prozent der Kurischen Nehrung mit Wald bepflanzt, so liegt der Waldanteil im russischen Nationalpark heute mit 71 Prozent beträchtlich höher.

Unter den Nadelbäumen steht die Kiefer an erster Stelle: Über die Hälfte der Waldfläche ist mit der Waldkiefer (Gemeine Kiefer) bepflanzt. Typischer Baum der Nehrung ist jedoch die Bergkiefer (Krummholzkiefer, Kuschelkiefer), die rund 50 Prozent des Dünenwalls bedeckt. Weitere Kieferarten sind Banks-Kiefer, Murraya-Kiefer, Virginische Kiefer, Harzkiefer, Schwarzkiefer, Pechkiefer und die Zirbelkiefer. Unter den Fichten sind die Gemeine Fichte (Rottanne), die Weißfichte (Kanadische Fichte) und die Blaufichte (Koloradofichte) zu nennen. Auch die Gemeine Lärche, die Japanische Lärche und die Abendländische Lärche kommen vor. Von den Tannen sind die Weißtanne (Europäische Edeltanne) und die Silbertanne vertreten. Weitere Nadelbaumarten: Riesenlebensbaum, Abendländischer Lebensbaum, Gemeiner Wacholder und Sadewacholder.

Auch zahlreiche Laubbaumarten kommen auf der Kurischen Nehrung vor, zum Beispiel Spitzahorn, Bergahorn (Weißer Ahorn),

Kupsten mit dem typischen spärlichen Pflanzenbewuchs

Silberahorn und Eschenahorn. Von den Eichen die Stieleiche (Weideneiche) und die Roteiche. Auch die Pappel hat sich auf der Nehrung halten können, vor allem die Silberpappel, die Kanadische Pappel und die Alleepappel (Pyramidenpappel). Weitere Laubbäume: Berglinde (Kleinblättrige Linde), Sommerlinde (Großblättrige Linde), Schwarzerle, Birke, Buche, Hainbuche, Ulme, Scheinakazie (Gemeine Robinie) und die Edelesche.

Die wichtigen Sträucher sind vertreten durch Weißdorn, Geißblatt, Vogelbeere, Spindelbaum (Pfaffenhütchen), Berberitze (Sauerdorn), Spierstrauch, Holunder, Schwarze Johannisbeere, Faulbeerbaum, Haselnuß, Schneeballstrauch (Gemeiner Schneeball) und Weiden-Sanddorn.

Eine besonders wichtige Gruppe sind die Gräser, die vor allem bei der Dünenbepflanzung eingesetzt werden. Zu nennen sind Haargerste (Haargras, Strandroggen), Sand-Schilfrohr, Strand-Platterbse, Strandhafer, Sandhafer (Sandrohr), Wiesenbocksbart (Wilder Haferwurz), Meersenf und das Riedgras (Segge). Unter besonderem Schutz stehen der Gemeine Strandhafer (Ammophila arenia) und der Baltische Strandhafer (Ammocalamagrostis baltica).

Ins Rote Buch Rußlands wurden folgende auf der Nehrung vorkommende, vom Aussterben bedrohte Pflanzen aufgenommen: Besenginster (Sarothamnus scoparius), Einfache Mondraute (Botrychium simplex), Mondkraut, auch Wildes Silberblatt genannt (Lunaria rediviva), Nordische Linnaea (Linnaea borealis) und die Stranddistel, auch Seemannstreu genannt (Eryngium maritimum).

Das Haff und seine Fischer

Aufgrund der zahlreichen Zuflüsse und der Verbindung mit der Ostsee war das Kurische Haff das fischreichste Gewässer Deutschlands mit einer unübertroffenen Vielfalt an Fischarten. Die wichtigsten Fischarten des Haffs waren: Aale, Barsche, Brachsen, Bleie, Bressen, Hechte, Kaulbarsche, Maifische, Perpel, Plötze, Quappen, kleine und große Stinte, Stichlinge, Schnepel, Zander, Zärten und Ziegen. In der Ostsee wurden gefangen: Dorsche und Flundern, Strömlinge, Aale, Forellen, Heringe, Lachse, Lachsforellen, Steinbutte, Schollen, Sprotten und, immer seltener, der Stör.

Ein Hauptfischer, also jemand, der einen Kahn besaß, fischte meist mit mehreren Gesellen und Fischerknechten. Dem Fischreichtum entsprechend gab es verschiedene Fangmethoden. Etwa zwanzig unterschiedliche Netze (Garne) waren im Einsatz. Die waren teuer, und der Verlust eines Garns durch Sturm oder Beschlagnahme durch den Fischmeister war kaum zu ersetzen. Um die Netze zu konservieren, wurden sie im offenen Dachstuhl über dem Herd geräuchert.

In der Haff-Fischerei wurde meist das Kurrennetz eingesetzt, das stets von zwei Kähnen geschleppt wurde. In der Keitelfischerei kam der von einem Kahn gezogene trichterförmige Aal- oder Stintkeitel zum Einsatz. Aale wurden mit dem Aalsack gefangen, aber auch mit langen Angelschnüren, an der bis zu 600 Angeln befestigt waren. Mit dem dreißig Meter langen und sehr engmaschigen Stichlingsgarn suchte man den kleinsten aller Haff-Fische zu fangen, der als Köder beim Aalfang benutzt wurde.

Fischer beim Netzflicken

Gefischt wurde selbst im Winter. War das Eis stark genug, packten die Fischer Netze und Stangen auf einen Schlitten und fuhren hinaus. Mit der Eisaxt wurde ein Loch gehackt, worin das große Wintergarn verschwand. Weiterhin wurden zwei Reihen kleinerer Eislöcher gehackt, durch die das Garn mittels Stangen in zwei Richtungen weitertransportiert und entfaltet wurde. Dann schob man ein langes Brett ins Wasser, das mit einer Holzkeule geschlagen wurde: Das »Klappern« lockte die Fische ins Netz. Mit dem Pferd zog man das Netz aus dem Eisloch. Eine Gruppe von acht bis zehn Fischern beteiligte sich an dieser harten Arbeit.

Trug im Frühjahr das Eis nicht mehr, waren die Fischer wochenlang zum Warten verurteilt. Das war der Schacktarp, eine unangenehme Zeit für die Nehrunger, die sonst an jedem Tag außer dem Sonntag fischten.

Fischfang in der Ostsee wurde von den Nehrungsfischern weniger intensiv betrieben. Doch brachten die Lachse meist großen Gewinn. Lachse wurden mit Angeln gefangen oder mit dem Wadenetz, das als Zugnetz vom Boot ausgeworfen und an langen Leinen an den Strand gezogen wurde. Später wurden Lachse auch mit Treibnetzen gefischt, für deren Einsatz jedoch motorisierte Boote nötig waren (die in der Haff-Fischerei verboten waren). Störe wurden ebenfalls mit Wadenetzen an sehr langen Leinen gefangen. Flundern angelte man oder fing sie mit der Zeise, einem kleinen Zugnetz.

Die Kurre, das wichtigste Netz der Nehrungsfischer, gab den Kähnen den Namen: Kurenkahn bzw. Kurrenkahn. Mit einem flachen Boden versehen, war der Kurenkahn vollkommen auf die Haff-Fischerei abgestimmt. Er hatte einen geringen Tiefgang, der Boden war vollkommen flach, also ohne Kiel, ein Seitenschwert stabilisierte den Kahn beim Segeln. So schwer und urtümlich die Kähne auch aussahen, sie waren schnelle Segler. Üblicherweise wurde mit drei Segeln gefahren: Fock-, Klein- und Großsegel, die durch zwei weitere Segel ergänzt werden konnten. Auffällig war der kleine Mast vor dem Großmast.

Unter den Kurenkähnen gab es Varianten, je nach Einsatzort und Fangmethode. Kuhrenkähne wurden vor allem im südlichen und östlichen Haff eingesetzt, das nördliche Haff bei Schwarzort war für sie zu flach. Noch heute ist es eine Streitfrage, ob es in Schwarzort überhaupt Kurenkähne gegeben hat. Die größten Exemplare gab es in den Memelniederungen. In der Regel waren Kurenkähne neun bis dreizehn Meter lang und etwa 2,5 bis 3,3 Meter breit.

Ungewöhnlich waren die Kurenwimpel auf dem Hauptmast. Seit der Fischereiverordnung von 1845 mußten die Haff-Fischer ihren Kurenkahn kenntlich machen. Dazu wurden u. a. sogenannte Kurenwimpel geschnitzt, die sehr individuell gestaltet waren - mal gegenständlich, mal rein ornamental. So verschieden sie auch aussahen, jeder Wimpel enthielt ein Ortszeichen. Die Ortszeichen der Nehrungsdörfer (siehe Kartenabschnitte der Nehrung) waren schwarzweiß, die der südlichen Haffdörfer blaugelb, die östlichen Siedlungen hatten rotweiße Ortszeichen. Neun Ortszeichen gab es auf der Nehrung (Purwin eingeschlossen). Außerdem trugen Boot und Hauptsegel den Ortsnamen und eine Nummer (»Pillk. No. 32«).

Der russische Teil der Kurischen Nehrung/ Kurschskaja Kossa

Im russischen Teil der Kurischen Nehrung liegen die Dörfer Sarkau/Lesnoje (»Walddorf«), Rossitten/Rybatschi (»Fischerdorf«) und Pillkoppen/Morskoje (»Meerdorf«). Der russische Süden ist wilder und ursprünglicher als der nördliche, litauische Teil der Nehrung. Aufgrund der starken Aufforstungen nach dem Zweiten Weltkrieg sind die ehemals freien Stellen an der Nehrungsstraße bewaldet, so daß sich bei einer Durchreise keineswegs ein angemessener Eindruck des Naturparadieses Kurische Nehrung gewinnen läßt. Um den südlichen Teil zu erkunden, bedarf es also eigener Initiative, guter Planung und gewisser logistischer Fähigkeiten, denn der Tourismus steckt hier noch nicht einmal in den Kinderschuhen. Für seine Mühe wird der Wanderer und Spaziergänger mit außergewöhnlich reizvollen Entdeckungen belohnt.

Nationalpark Kurische Nehrung

Der »Staatliche Nationale Naturpark Kurische Nehrung« wurde am 6. November 1987 per Erlaß gegründet. Die russische Bezeichnung: Gosudarstwenny Prirodny Nationalny Park »Kurschskaja Kossa« (GPNP). Dieser »Nationalpark«, wie er im folgenden genannt wird, umfaßt den größten Teil der *südlichen* Nehrung, die etwa 70 km^2 groß ist. Der russische Nationalpark beginnt am Schlagbaum bei Cranz (km 3,8) und reicht bis zur Grenze. Die Parkfläche ist etwa 6621 Hektar groß. Der Waldanteil: 71 Prozent.

Verhaltensmaßregeln
Im Nationalpark herrschen strenge Regeln, die von Reisenden genau befolgt werden sollten. Verboten sind bei Geldstrafe das Befahren der Waldwege mit Kraftfahrzeugen aller Art, sportliche Wettkämpfe, Zelten, offenes Feuer, Rauchen, das Ausführen von Hunden. Das Pflücken von Pflanzen, insbesondere Heilkräutern, ist

Moderner Kurenwimpel »an Land« mit dem schwarzen Kreuz, dem Zeichen für Schwarzort

oben: Der Hafen von Cranzbeek bei Cranz

unten: Der russische Nationalpark Kurische Nehrung beginnt am Schlagbaum bei Cran

streng untersagt. Pilzesammeln nur in bestimmten Gebieten. Das Baden im Haff ist untersagt, Baden an der Ostsee nur an den ausgewiesenen Stränden, die abends ohne Ausnahme zu verlassen sind.

Zonen des Nationalparks

Die Parkverwaltung unterscheidet fünf verschiedene Zonen des Parkgebiets (siehe Schautafel am russischen Schlagbaum nördlich von Cranz/Selenogradsk):

1. NATURSCHUTZGEBIET

Fläche: 2996 ha (etwa 45 Prozent des Parkgebiets). *Schautafel:* dunkelgrünes Gebiet. *Charakteristik:* Wirtschaftliche Tätigkeiten und Tourismus untersagt. Das Gebiet steht unter der Aufsicht von Wissenschaftlern. Bei der Durchfahrt nicht anhalten. Es besteht kein absolutes Betretungsverbot auf Wegen. *Ziel:* Erhaltung geschlossener Gebiete mit seltenen Pflanzen und Tieren. Einrichtung von Naturlehrpfaden (mit Führung) erwogen. *Lage:* Siehe Karten.

2. GESCHÜTZTES GEBIET (PUFFERZONE)

Fläche: 2058 ha (etwa 31 Prozent des Parkgebiets). *Schautafel:* Mittelgrün. *Charakteristik:* Kein Tourismus. Eingeschränkte Exkursionstätigkeit auf Naturpfaden gestattet. *Ziel:* Erhaltung kleiner Gebiete mit seltenen Pflanzen und Tieren. *Lage:* Südlich und nördlich von Sarkau/Lesnoje; nördlich von Djuny; südlich von Rossitten/Rybatschi bis Chwoinoje.

3. STRAND-VORDÜNE

Fläche: 272 ha (etwa 4 Prozent des Parkgebiets). *Charakteristik:* Die künstlich aufgeschüttete Vordüne unterliegt ständiger Erosion, was aufwendige Wiederherstellung erfordert. Besucher betreten den Strand an angelegten Übergängen und Wegen, die nicht verlassen werden sollten. Bepflanzungen nicht betreten. *Lage:* Gesamte Länge der Ostseeküste.

4. GEBIET MIT EINGESCHRÄNKTEM TOURISMUS (ERHOLUNGSGEBIET)

Fläche: 961 ha (etwa 15 Prozent des Parkgebiets). *Farbe:* Gelb. *Charakteristik:* Ausstattung mit Wegenetzen, Aussichtsplattformen,

Erholungsplätzen, Parkplätzen. Mit Erlaubnis der Parkverwaltung ist Hobby-Fischerei gestattet. Sammeln von Pilzen und Beeren gestattet. *Lage:* bei Alt-Kunzen; nördlich von Rossitten/Rybatschi (Vogelwiese).

5. Siedlungen und Ackerland
Fläche: 351 ha (etwa 5 Prozent des Parkgebiets). *Farbe:* Rot bzw. Hellgrün. *Lage:* Orte und Siedlungen; Ackerland südlich von Rossitten/Rybatschi.

6. Schutzzone an der See und am Haff
Fläche: Streifen von 1 km Breite an der See und am Haff.

Nehrungsstraße südlich von Sarkau

Zutritt

Bei km 3,8 liegt die südliche Grenze des russischen Nationalparks Kurische Nehrung. Dort versperrt ein Schlagbaum die Zufahrt. Reisende haben einen *Einlaßschein* (propusk) sowie den Paß vorzulegen (zum Einlaßschein siehe »Allgemeine Informationen«). Wer als *Einzelreisender* kein solches Dokument besitzt, besteige am Cranzer Bahnhof beherzt den russischen Linienbus zur Nehrung.

Kilometerschema der Kurischen Nehrung von Cranz/Selenogradsk bis zur russisch-litauischen Grenze

Das Kilometerschema beschreibt die Kurische Nehrung aus Blickrichtung Süden. Die heutigen Kilometerangaben, die mit denen aus deutscher Zeit nichts gemein haben, erfassen die Strecke vom Nehrungsschild an der neuen Zufahrtsstraße bei Cranz/Selenogradsk bis zur Grenze. **Orientierungslinie ist stets die Nehrungsstraße** (R 515). Die Bezeichnung »links« bedeutet in jedem Fall links der Nehrungsstraße aus südlicher Richtung, »rechts« dementsprechend rechts der Nehrungsstraße aus Süden. »Strand« meint stets den Ostseestrand, »Ufer« das Ufer des Haffs. Von den alten Dorfstellen und Kirchhöfen ist nichts erhalten.

KM 0

Die neue (südliche) Zufahrtsstraße zur Kurischen Nehrung/Kurschskaja Kossa biegt südlich von Cranz/Selenogradsk von der Königsberger Chaussee (Beekstraße), russisch: A 191 bzw. Uliza Turgenjewa, nach Nordosten ab. Die Abzweigung, erkennbar am Richtungsschild mit Darstellung der Kurischen Nehrung, liegt etwa 1300 m nördlich des Hafens Cranzbeek. Die neue Straße überquert die alte Bahnlinie von Cranz nach Cranzbeek und führt in einem Bogen - links das charakteristische Stadtpanorama von Cranz - zur Sarkauer Landstraße/Uliza Moskowskaja, der alten Zufahrtsstraße der Kurischen Nehrung. Linker Hand befindet sich eine Tankstelle, die einzige bis Nidden.

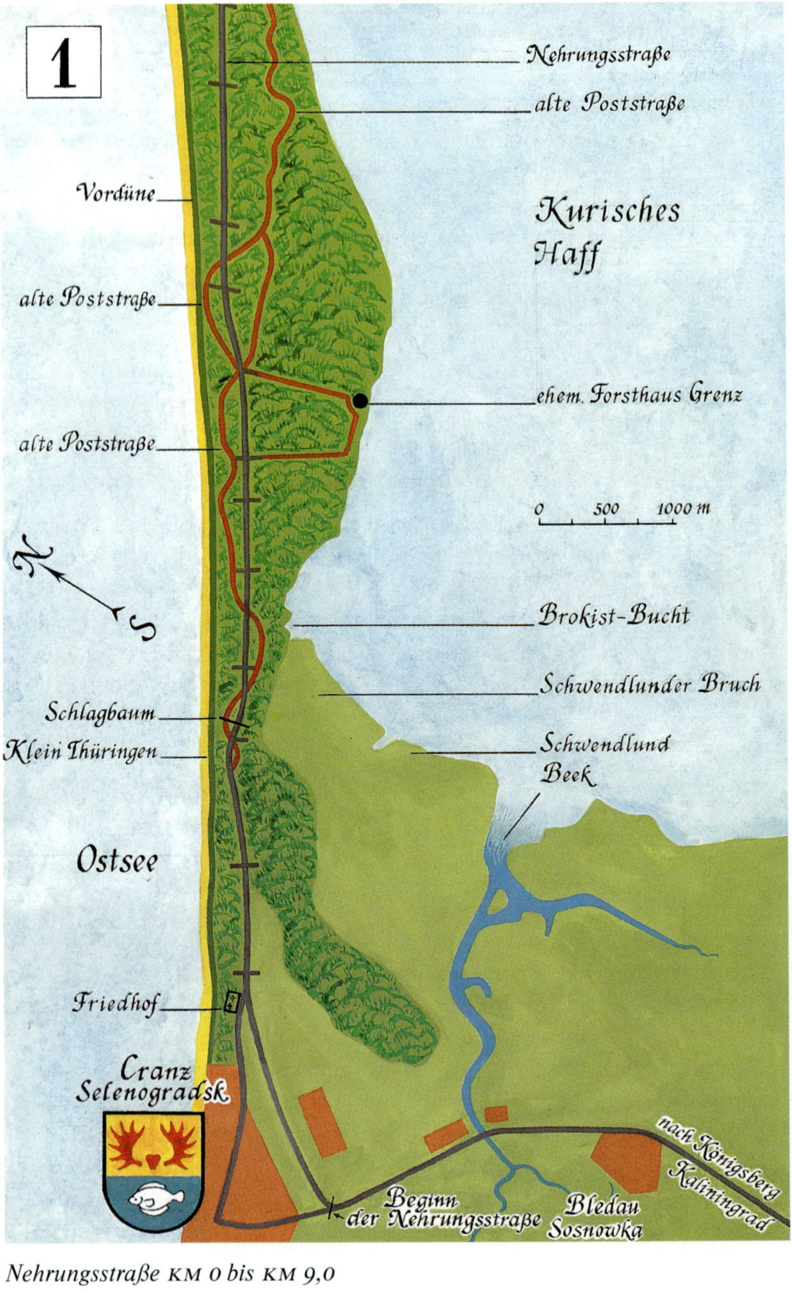

Nehrungsstraße KM *0 bis* KM *9,0*

Rechts liegt das neue Krankenhaus von Selenogradsk.

Am Nehrungsschild beginnt die neue Kilometereinteilung der Nehrung: Es empfiehlt sich, dort den Kilometerzähler zur besseren Orientierung auf Null zu stellen.

KM 1,8

Kurz hinter dem alten Friedhof von Cranz (heute mit russischen Gräbern) vereinigt sich die südliche (neue) Zufahrtsstraße/Uliza Turgenjewa mit der Sarkauer Landstraße/Uliza Moskowskaja, die vom Cranzer Zentrum zur Nehrung führt.

KM 3,2-4,6

Schwendlunder Bruch auf der Haffseite: Ort eines alten Tiefs (Verbindung zwischen See und Haff).

KM 3,8

Der ***Schlagbaum,*** der **Kontrollposten des Nationalparks Kurische Nehrung.** Ohne Passierschein ist hier kein Durchkommen. Eine große Schautafel informiert über den russischen Teil der Kurischen Nehrung. Am Schlagbaum ist keine Bushaltestelle. - Von diesem Posten gilt bis zur Grenze eine Höchstgeschwindigkeit von 60 km/h. Unmittelbar an der Nehrungsstraße - die Russen nennen sie »Chaussee« - besteht Halteverbot.

Gleich hinter der Schranke wird der Besucher von einer Holzskulptur begrüßt, die die Nehrung russisch benennt: »Kurschskaja Kossa«. Holzskulpturen sind heute auf der Nehrung an vielen Orten zu finden.

KM 4,0

Dort stand früher der Aussichtsturm Klein Thüringen.

KM 4,1

Der »Grüne Weg«, Rest der alten Poststraße, kreuzt die Nehrungsstraße.

KM 4,1-5,2

Die Brokistbucht/Saliw Tjoply verengt die Nehrung auf 600 m Breite. Stellenweise liegt die Nehrung rechts der Straße mit nur + 0,5 m bedenklich tief. Die künstlich aufgeschüttete Vordüne, die stellenweise links durch die Bäume zu sehen ist, erreicht etwa 7 bis 10 m Höhe. Das Haff hat hier mit 45 km seine größte Breite.

KM 6,5

Holzbänke und Tische rechts und links der Nehrungsstraße

laden zum Verweilen ein. Haltemöglichkeit für Pkw. Haffseite: Der Weg rechts ist der Wanderweg zur alten Försterei Grenz/Lesnitschestwo Grenz, der Pfad links führt nach Sarkau. Siehe Kapitel »Sarkau«. Seeseite: An dieser Stelle berührt der »Grüne Weg«, Reststück der alten Poststraße, die Nehrungsstraße (rechter und linker Weg). Siehe Kapitel »Sarkau«.

KM 7,4
Der »Grüne Weg« kreuzt die Nehrungsstraße.

KM 9,3
Fischereihafen von Sarkau/Lesnoje am Haff.

KM 9,6–9,8
Interessante Vordünenbefestigungen (Scherenzäune) links.

KM 10,8
Sarkau/Lesnoje. Bushaltestelle in der Ortsmitte (blaues Wartehäuschen) mit Ortsplan. Schild am Ortseingang »Rybolowezki Kolchos Trushenik Morja«, »Fischereikolchose – Arbeiter der See«. Im Ort gilt eine Geschwindigkeitsbeschränkung von 40 km/h.

KM 12,0
Ortsende von Sarkau/Lesnoje. Rechter Hand liegt das Kinderlager »Alyje Parussa« (Purpursegel).

KM 13,0–15,0
Die Nehrung ist in diesem Abschnitt, dem ehemaligen Kaalland, nur zwischen 350 bis 700 m breit und gilt deshalb als besonders gefährdet, zumal die Halbinsel stellenweise nur 1 bis 2 m Höhe erreicht. Ort eines alten Tiefs. – Am 18./19. Januar 1983 überflutete ein Orkan die Nehrung in diesem Abschnitt, so daß der nördliche Teil zur Insel geworden war. Die Nehrungsstraße wurde danach breiter gebaut und verläuft wie ein Schutzdamm etwas erhöht.

KM 13,2
Ortslage von Alt-Sarkau (bis 1715).

KM 14,0
Schmalste Stelle der Kurischen Nehrung mit 350 m Breite (früher 400 m).

KM 15,0
Nehrungsmuseum/Musei Lessa. Bushaltestelle, Halte- und Rastplatz. – Das Museum liegt rechter Hand im Wald und ist auf einem Fußweg (5 Minuten Weg)

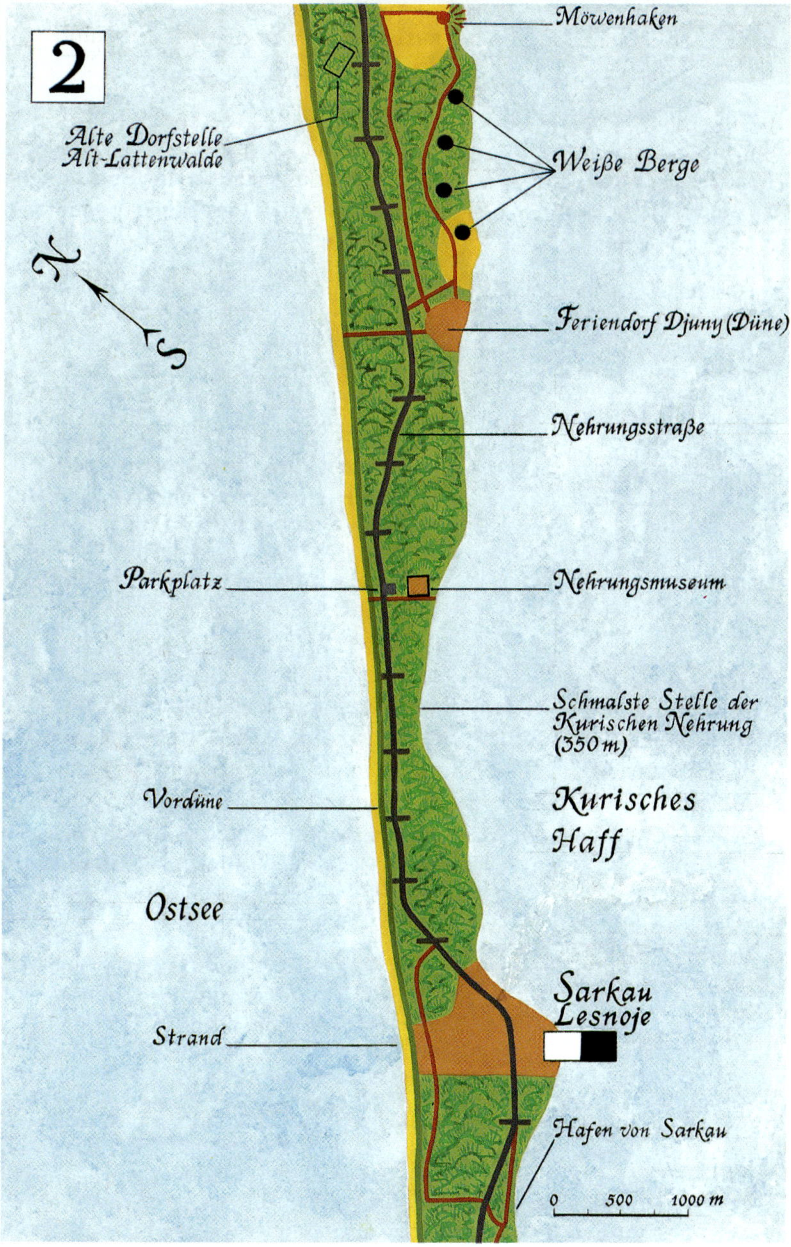

Nehrungsstraße KM *9,0 bis* KM *19,5*

zu erreichen. Man wähle hinter dem Holzhäuschen den linken Weg. Schönes Haffufer mit Schiffsanleger. Siehe S. 60.

KM 16,8

Feriendorf Djuny (Düne). Bushaltestelle. – Im Feriendorf Restaurants, Disco usw. (einfacher Standard). Wanderweg am Haff entlang zu den Weißen Bergen/Gora Belaja (15 m) nördlich Djuny. – Zur See führt ein ausgebauter Weg.

KM 17,3–18,5

Weiße Berge/Gora Belaja (15 m) am Haffufer.

KM 18,8

Alte Dorfstelle Alt-Lattenwalde (1652/1749) links und rechts der Nehrungsstraße. Der Name rührt von einem Wildzaun her. – An der Haffseite der Möwenhaken.

KM 19,3–30,5

Am Möwenhaken beginnt **das erste, südliche Dünengebiet,** das sich bis Rossitten erstreckt (Naturschutzgebiet).

KM 20,8

Der runde Baum (38 m).

KM 23,0

Feldstation Fringilla. Bushaltestelle und Busparkplatz. – Rechter Hand im Wald liegt die Feldstation Fringilla/Polewoi Stazionar Fringilla der Biologischen Station des Zoologischen Instituts der Russischen Akademie der Wissenschaften (mit zwei großen Fangnetzen, Schiffswrack von Filmaufnahmen eines russischen Teams in den Dünen). Siehe S. 88. Am Haffufer Alte Dorfstelle Neu-Lattenwalde (1749/60), ruiniert und verödet im Siebenjährigen Krieg. – Guter Weg zur See.

KM 27,1

Linker Hand stand einst, etwa 150 m von der Straße entfernt, das Jagdhaus Ulmenhorst des Ornithologen Johannes Thienemann. Es war seiner Aufgabe gemäß eher eine Feldstation als ein Jagdhaus. Es sind nur Fundamente erhalten. – Beiderseits der Straße lagen früher die Kirche, das Pastorat und der Kirchhof von Kunzen (1569). Gora Matrossowa (35 m) rechts der Straße, der Haken am Haffufer existiert nicht mehr.

KM 27,8

Schiefer-Berge (34 m) rechts der Straße. Dort befand sich einst ein Kirchhof.

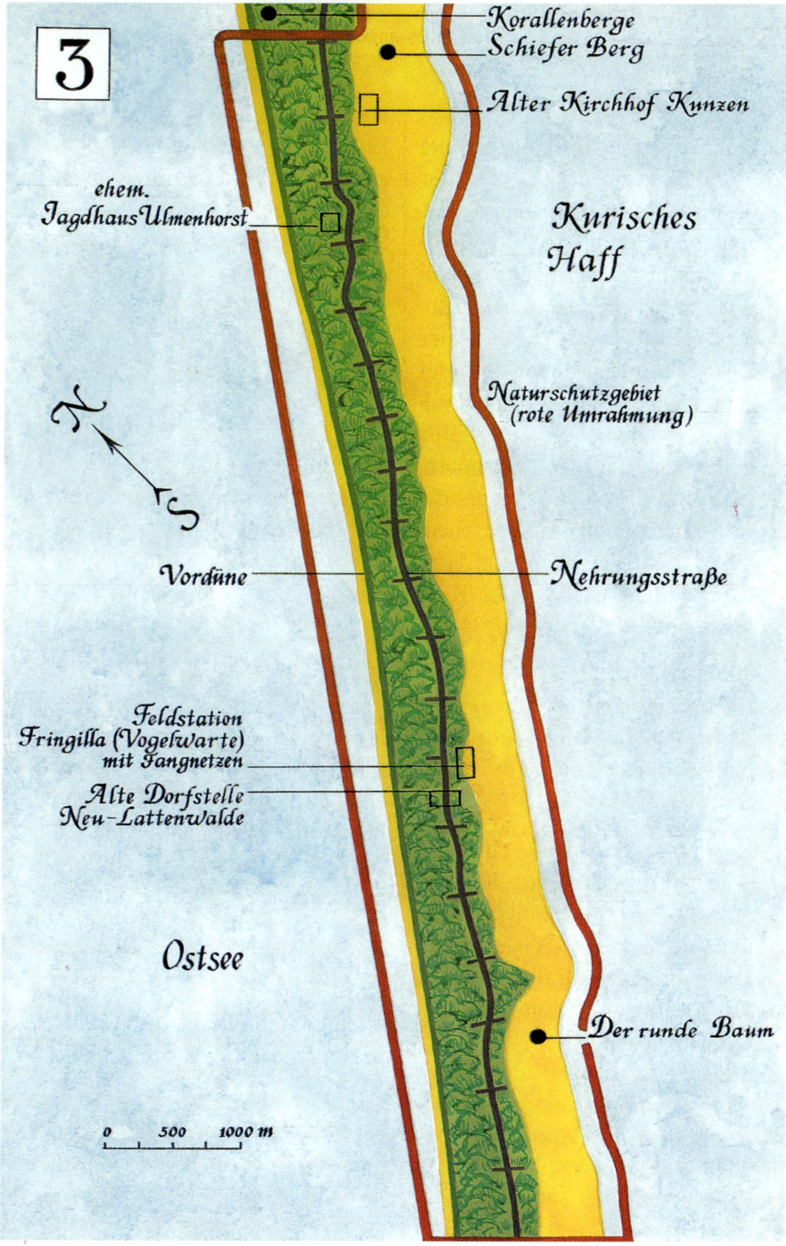

Nehrungsstraße KM *19,5 bis* KM *28,5*

KM 28,8
Auf der Seeseite liegen die Korallen-Berge (12,6 m), der Südrand der diluvialen Geschiebemergelplatte. Gemäß mündlicher Überlieferung soll dort einmal ein Schloß gestanden haben (lett. karalus, der König). Am Nordhang befindet sich die Feriensiedlung **Chwoinoje** (Nadelgehölz). Zufahrt mit dem Wagen verboten. Chwoinoje ist, mit Ausnahme von Sarkau, die einzige Siedlung auf der Seeseite. Am Haff lag einst das Kirchdorf Alt-Kunzen (1452/1825).

KM 29,0
Rechts Holzhütte und Halteplatz. Am Haffufer landschaftlich schönes Gebiet.

KM 30,8
Rechter Hand führt ein Weg zum Ort der Siedlung Kunzen (1862/1945). Fundamente und überwucherte Gebäudereste lassen erkennen, daß an diesem Ort noch vor wenigen Jahrzehnten Menschen lebten. An dieser Stelle befand sich der letzte Krug von Alt-Kunzen. - Schönes Haffufer. - Hier endet das südliche Dünenfeld der Nehrung.

KM 31,3
Ein befestigter Weg führt rechts am Möwenbruch vorbei zur alten Försterei Rossitten.

KM 32,1
Links führt ein Weg zu den Bruchbergen mit Müllers Höhe/ Gora Krutaja (43 m) als der bedeutendsten Erhebung. Ausgezeichnete Aussicht auf Rossitten.

KM 32,1-32,4
Rechter Hand schimmert der Möwenbruch/Tschaikowoje oder Osero Tschaika durch die Bäume. Der See, einst ausgesprochen fischreich und von Tausenden Möwen bevölkert, ist heutzutage still und etwas verwaist.

KM 33,4
Der alte Kirchhof von Rossitten liegt am Hang des Weißen Bergs (21,4 m; auch Kirchhofsberg genannt) links der Straße. Die Gräber des Ornithologen Johannes Thienemann, des Düneninspektors Franz Epha und anderer sind erhalten bzw. wurden restauriert.

KM 33,6
Im Haus des früheren Dünenaufsehers von Rossitten links der Nehrungsstraße ist die russische Verwaltung des National-

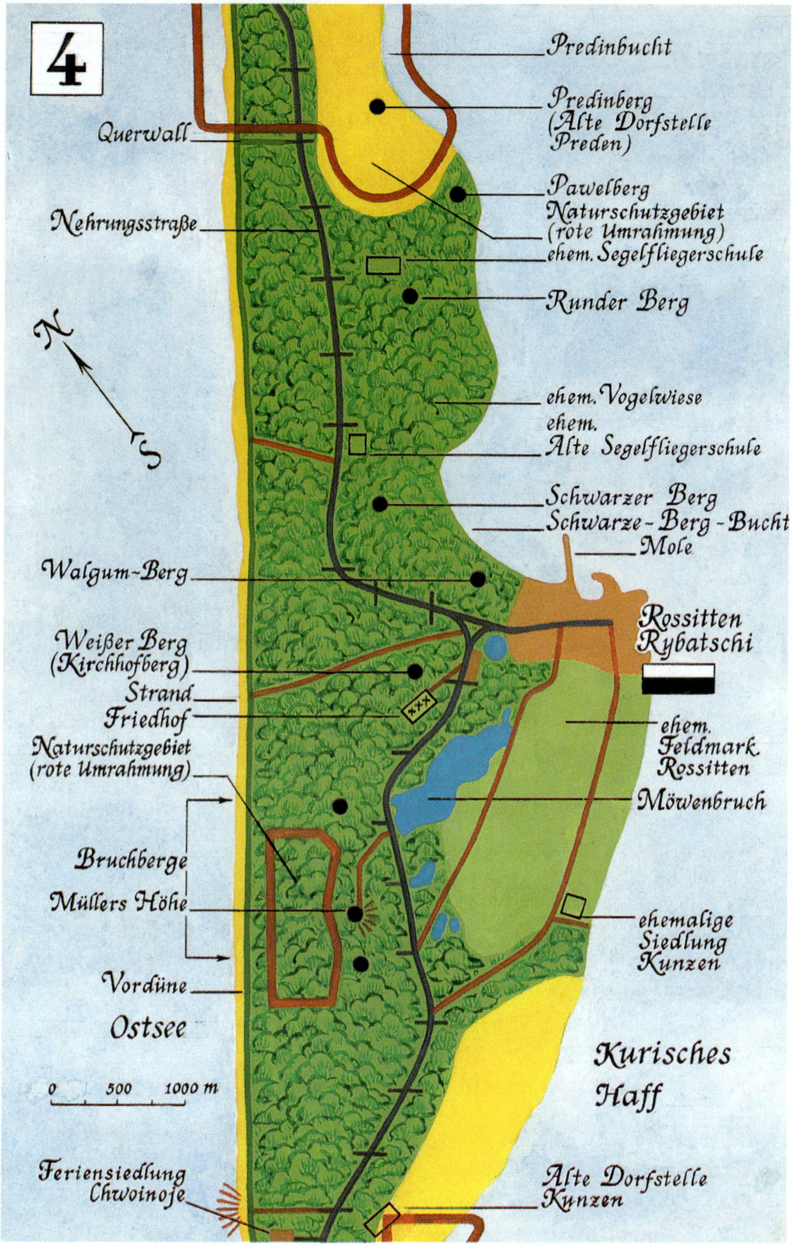

Nehrungsstraße KM *28,5 bis* KM *39,5*

parks Kurische Nehrung zu finden. Die Försterei von Rybatschi hat sich in einem Neubau niedergelassen.

KM 34
Rossitten/Rybatschi. Bushaltestelle an der Nehrungsstraße sowie im Ort. Die Zufahrt für Pkw ist offiziell geperrt. Die Nehrung ist an dieser Stelle etwa 3,2 km breit. Im Straßendreieck vor dem Ort wurde 1993 ein Café eröffnet. Durch die Bäume ist der Lunk zu erkennen, der Dorfteich von Rossitten.

KM 34,2
Walgum-Berg am Ortseingang von Rossitten.

KM 35,0–35,5
Die Nehrungsstraße umrundet den Schwarzen Berg/Gora Tschornaja (32 m), wo die erste Segelfliegerschule existierte. Schwarze-Berg-Bucht.

KM 36,0–36,8
Die ehemalige Vogelwiese rechts der Straße. – Der Strand ist von hier aus 750 m entfernt, das Haffufer 1000 m.

KM 37,3
Die ehemalige Segelfliegerschule von Rossitten befindet sich etwa 400 m rechter Hand im Wald am Runden Berg (20,1 m). Der Platz, von dem nur Reste erhalten sind, ist über einen Waldweg zu erreichen. Man achte auf der Nehrungsstraße auf das Schild »Rechts abbiegen verboten« (roter Rechts-Pfeil mit Schrägbalken in rotem Kreis).

KM 38,0
Rechter Hand der Predinberg/Gora Wyschka (44 m). Alte Dorfstelle Preden (1655/1710), eine Gründung des Rossittener Burggrafen Fritz Wegner. Am Haff die Predinbucht.

KM 38,0–42,5
Hier beginnt das **zweite große Wanderdünengebiet,** das sich bis zum Altdorfer Berg erstreckt.

KM 38,4
Links der Querwall, der sich im rechten Winkel zur Nehrungsstraße erstreckt. Der Querwall, Rest der Befestigungen des Deutschen Ordens gegen die Überfälle der Litauer, ist eines der wenigen Bodendenkmale der Ordenszeit.

KM 40,5
Skielwiethberg/Gora Beregowaja (48 m) rechts der Straße.

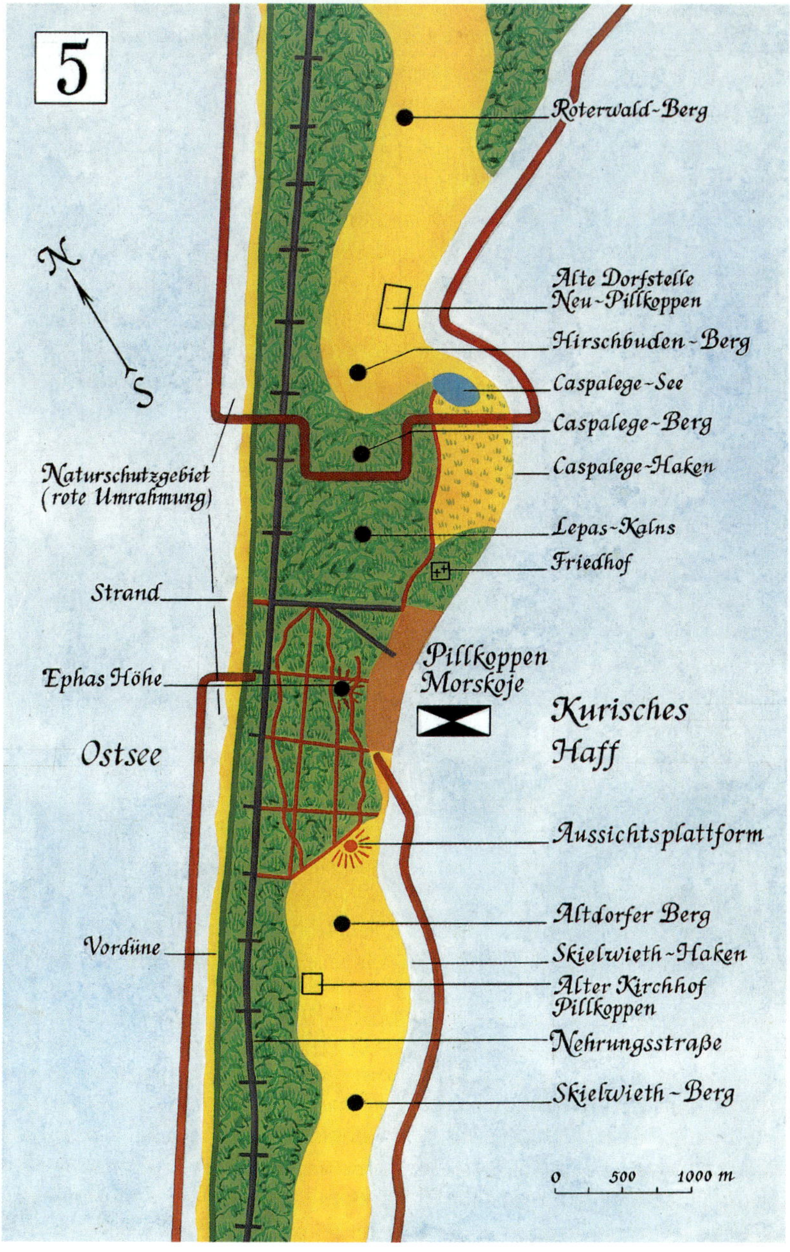

Nehrungsstraße KM *39,5 bis* KM *48,5*

KM 41,5
Ehemaliger alter Kirchhof von Pillkoppen in den Dünen. - Der Ostseestrand ist von hier bis etwa km 47,5 nur ca. 220 bis 320 m entfernt.

KM 41,8
Ehemaliger Skielwieth-Haken am Haffufer, heute fast weggespült. - Alte Dorfstelle Pillkoppen (1532).

KM 42,0
Haffseite: Altdorfer Berg (59 m).

KM 42,2
Rechts führt ein beschrankter Weg zu einer befestigten Aussichtsplattform am Altdorfer Berg. Von dort bietet sich einer der schönsten Ausblicke über das **zweite große Dünengebiet** (Fußweg: 500 m). An der Straße ein Halteplatz, Bänke rechts und links.

KM 43,0-44,0
Ephas-Höhe/Djuna Efa (61 m), der frühere Petschberg, ist seit September 1993 frei von Militär und kann betreten werden.

KM 44,3
Pillkoppen/Morskoje. Bushaltestellen an der Nehrungsstraße und im Ort. Zufahrt in den Ort durch ein sogenanntes Dünentor, das das zweite und das dritte Wanderdünengebiet trennt. - Nördlich alte Alleebäume an der Nehrungsstraße.

KM 44,3-50,0
Im Grenzbereich besteht das Verbot, die Wege und Pfade rechts und links der Nehrungsstraße zu betreten. - 1985/86 gab es nördlich von Pillkoppen/Morskoje starke Grundwasserüberschwemmungen.

KM 45,0
Lepas-Kalns (59,6 m), heute bewaldet.

KM 45,5
Caspalege-Berg (54,3 m), heute bewaldet. Östlich davon der Caspalege-See. Caspalege-Haken/Mys Krjuk. Der Haken ist fast verschwunden.

ab KM 45,8
Das **dritte große Dünengebiet,** das sich bis zur Hohen Düne bei Nidden erstreckt, ist zum Teil Grenzgebiet und somit nur eingeschränkt begehbar.

KM 46,0
Hirschbuden-Berg (56,6 m) mit der alten Dorfstelle Neu-Pillkoppen (1728/1839). An der Bucht geben russische Karten eine (namenlose) höchste Erhebung der südlichen Nehrung mit 64 m Höhe an.

KM 46,0-50,0
Links parallel zur Straße eine Bruchlandschaft - die reine Wildnis mit Bibern, Elchen und Schwarzwild.

KM 46,5
Alter Kirchhof Pillkoppen, versandet im Jahre 1900, in den Dünen.

KM 47,9
Roterwald-Berg/Gora Krasnaja (42 m). An der Westseite befand sich ein Außenlager der Rossittener Segelfliegerschule (»Picebefa«).

KM 48,5
Russische Grenzkontrollstelle. Im Niemandsland ist das Betreten der Wege und Pfade rechts und links der Nehrungsstraße verboten.

KM 49,9
Am Grabschter Haken/Mys Wostotschny erreicht die Nehrung eine Breite von 3,2 km.

KM 50
Der letzte russische Kilometerpfahl. - Alte Dorflage von Nidden am Haffufer.

SARKAU/Lesnoje

(Einwohner: 1939 - 705, 1991 - ca. 500)

Etwa 11 km nördlich von Cranz/Selenogradsk liegt Sarkau, russisch Lesnoje (Walddorf) genannt. Sarkau war ein widersprüchliches Dorf. Wohlhabend wie keine der anderen Siedlungen der Nehrung, verarmten die Bewohner im späten 18. Jh. und wurden Nomadenfischer. In der Not fingen die Sarkauer Krähen, weswegen sie auch »Krajebieter«, Krähenbeißer, genannt wurden.

Gegen Ende des 19. Jh. machte der beginnende Tourismus die Sarkauer wieder siedlungsfest: Die Fischer bauten sich feste, weißgetünchte Häuser mit marineblauen oder grünen Fensterläden und Türen, legten gepflegte Hausgärten an, bauten Staketenzäune darum herum. Ein Idyll entstand, an das sich mancher Besucher von heute noch erinnern kann. Auch die Räucherflundern aus Sarkau gehören zu diesem Erinnerungsbild: sie waren mit Schuschkes, Kiefernzapfen, geräuchert und sollen nirgendwo so gut geschmeckt haben wie hier, im südlichsten Dorf der Nehrung.

Sandstrand bei Sarkau

Geschichte

Bereits im Jahre 1408 wurde etwa 1500 Meter nördlich der heutigen Dorflage ein Krug erwähnt, in dessen Nähe sich kurische Fischer niederließen. Der Ortsname leitet sich ab vom prussischen Szarka, Elster oder Falke, was auf den Fang und die Abrichtung von Falken für die Jagd schließen läßt. Das vom Amt Schaaken verwaltete Dorf galt als groß und wohlhabend. 1531/32 führte die Amtsrechnung neben dem Krüger 35 Fischer und zwölf Insten (Halbfischer) auf. Grundlage des Wohlstands war neben der Fischerei die Viehwirtschaft auf den Wiesen bei Sarkau, im Jahre 1586 eine Fläche von 58 ha. Nicht unbedeutend war der Verkehr auf der Nehrung, so daß sich 1568/69 ein zweiter Krüger im Ort niederließ. Sarkau gehörte zum Kirchspiel Rossitten bzw. Kunzen, erhielt aber eine kleine Filialkirche mit eigenem Sprengel. Bemerkenswerterweise wurde die »alte Sarkau«, wie das vom Forstamt Fritzen verwaltete Waldgebiet südlich der Ortschaft genannt wurde, zu keiner Zeit von Wanderdünen verschüttet. Es geht somit auf den alten Nehrungswald zurück.

Wie Rossitten liegt Sarkau auf einer diluvialen (eiszeitlichen) Bodenformation mit recht fruchtbarem Boden. Rund um Sarkau sind deshalb botanische Besonderheiten und seltene Pflanzen anzutreffen. Ein tiefliegender Nehrungsstreifen im Norden und feuchte, bruchige Gebiete im Süden lassen alte Tiefs, Verbindungen zwischen See und Haff, erkennen. Noch in diesem Jahrhundert nannte man die moorige Gegend beim Forsthaus Grenz »faule Brücke«. Durch die Jahrhunderte wurden immer wieder Bauern aus dem Samland auf die Nehrung gerufen, die von Orkanen verursachte Durchbrüche schließen mußten. Am 28. November 1497 überflutete ein Sturm die Nehrung, so daß »das ganze Samland hat müssen auf sein und in der Sarkau die Kawrische Nerie themmen« (die Kurische Nehrung dämmen). 1673 gab es einen »Durchriß« fast bis zum Haff.

Die Gefahr, daß die Nehrung bei einem Sturm durchbrochen und damit zur Insel wird, ist bis heute nicht gebannt. Am 18. Januar 1983 brach nördlich von Lesnoje die See durch die Vordüne bis zum Haff und überschwemmte den Wald auf einer Strecke von fast zwei Kilometern. In Tag-und-Nacht-Arbeit konnten Hunderte von Helfern den Durchbruch wieder schließen. Die Stelle ist heute durch die erhöht gebaute, dammähnliche Nehrungsstraße zu erkennen.

Das alte Sarkau grenzte an das Kaalland, was kahles, baumloses Land bedeutet. Dort befindet sich die schmalste Stelle der Nehrung, die - nach neuesten Messungen - nur 350 Meter breit ist. Durch Rodungen wurden die Waldgebiete bei Sarkau dezimiert, so daß ab der zweiten Hälfte des 16. Jh. Flugsand den Bewohnern mehr und mehr zu schaffen machte. Aufgrund der geringen Breite der Nehrung konnten sich zwar keine Wanderdünen bilden, doch verwehte Flugsand die Wiesen und machte sie unbrauchbar. 1682 mußte der Korffsche Krug versetzt werden. 1714 beauftragte der König den Kartographen Johann von Collas mit einer Untersuchung Sarkaus. Auf dessen Rat bewilligte und befahl der König am 29. Januar 1715 die Verlegung des Ortes um etwa 1,5 Kilometer in Richtung Süden. So geordnet ist keines der anderen Nehrungsdörfer jemals umgezogen.

1735 lebten im neuen Sarkau - es befindet sich heute noch an jener Stelle - 36 Fischer-Bauern. Die Kirche errichtete man damals mitten im Ort auf einem kleinen Sandhügel, ringsumher wurde der Friedhof angelegt. Aufgrund weiterer Rodungen des alten Waldes drang Flugsand auch in das neue Dorf ein. 1785 wurde der mitten im Ort liegende Krug abgebrochen und 1500 Meter südlich als Krug- und Posthaltergehöft errichtet. Die Sarkauer verloren nach und nach ihre Wiesen, Armut breitete sich aus. In einem amtlichen Protokoll von 1786 hieß es über die Bewohner:

»Die Verfassung derer Einsaaßen ist kurz zu sagen einer der elendesten, die sich denken läßt. Ihre Erwerbsquelle ist die Fischerei, die sie zum Theil im Haff, zum Theil in der See treiben. Es ist aber bekannt, daß in diesen Gewässern seit einigen Jahren der Fischfang sich unbeschreiblich verringert hat. Der meisten hier wohnenden Menschen und ihrer Kinder vornehmster Nahrungszweig besteht größtentheils im Krähenfange, Stinten und anderen kleinen Fischen, die sie nach den Städten zum Verkaufe nicht bringen dörffen.«

Krajebieter - Krähenbeißer

Seit 1750 ist überliefert, daß in Sarkau Krähen gefangen wurden. Für ihren Jagdeifer wurden die Bewohner »Krajebieter« genannt, »Krähenbeißer«, obwohl bis nach Preil und Perwelk Krähen gefangen und auf dieselbe Art getötet wurden: Man biß ihnen kurz und kräftig in den Kopf. Das war ein schneller Tod, dazu fast schmerzlos für die Tiere, wie der Ornithologe Johannes Thienemann glaubhaft darlegte.

Für die Nehrungsfischer waren Nebelkrähen ein wichtiges Nahrungsmittel im Schacktarp, wenn das Eis auf dem Haff weder hielt noch brach. Fischfang war dann mitunter wochenlang unmöglich. Also fing man Krähen. Man überlistete die Vögel mittels ihres Futterneids. Der Vogelfänger pflockte in den Dünen ein Zugnetz an der langen Seite am Boden an, die kurzen Seiten versah er mit zwei Stäben, an denen Schnüre befestigt waren. Daneben legte er den Köder aus, meist rohe Fische, und band einige Lockkrähen an. Daraufhin verbarg er sich in einer Fangbude, einer kleinen Laubhütte. Flogen Nebelkrähen herbei, um den Köder zu fressen, zog der Krähenfänger an den Schnüren, das Netz schlug um, die Krähen waren gefangen. Ein kräftiger Biß ... und ein Schnaps hinterher, weil's kalt war. Ein geschickter Jäger fing am Tag fünfzig bis sechzig Krähen. Sie schmeckten gut, je jünger, desto besser. Man aß sie mit Kumst (Sauerkohl), kochte sie wie Hühnchen mit Reis oder salzte sie für den Winter in Fässern ein. Nach dem Bau der Samlandbahn verkauften die Sarkauerinnen Krähen als »Nehrungstauben« mit den geräucherten Flundern auf dem Steindamm in Königsberg.

Sarkauer werden zu Nomaden

Flugsand zerstörte die Viehweiden und Hausgärten der Sarkauer, die wirtschaftliche Grundlage des Dorfes. Als die Armut amtsnotorisch wurde, genehmigte man den Bewohnern 1792 den Fischfang auf dem ganzen Haff, was den Fischern von Nidden und Pillkoppen, Kunzen und Negeln bei Strafe verboten war. So ganz wohl war den Behörden dabei nicht: »Die Sarkauer sind listige Leute«, befand ein Beamter im Jahre 1804.

Den Winter verbrachten die Sarkauer in ihrem Dorf, im Frühjahr aber wurden sie zu Nomaden: Sie packten ihren Hausrat samt Vieh in Kähne und Boote, Fenster und Türen der Häuser wurden vernagelt. Die Pferde ließ man laufen, sie kamen im Herbst ungerufen zurück. Man fuhr dorthin, wo die Fischerei einen Sommer lang guten Fang versprach, und baute sich aus Segeln Zelte. Eine Bucht nördlich von Schwarzort hieß damals »Sarkauer Bucht«.

Um die ungeliebten Fischer, die mit amtlichem Segen die fremden Fischgründe ausräumten, hat es damals viel böses Blut gegeben. Erst 1870, als der Fremdenverkehr auf der Nehrung neue Einkommensquellen schuf, wurden die Sarkauer, der »Schrecken der Nehrung«, wieder seßhaft. In jenem Jahr wurde bemerkenswerterweise die neue Schule gebaut.

Fischerhaus in Sarkau

Rundgang durch das Sarkau von heute

Jedes der Nehrungsdörfer hatte seinen eigenen Charakter, seine eigene Prägung. Das alte Sarkau unterschied sich durch die weißgetünchten, massiven Häuser mit den marineblauen Fensterläden und Türen von den übrigen Dörfern. Auch die Weiden Sarkaus und die verschilften Ufer weiter im Süden waren eine Besonderheit. Wie alle Nehrungsdörfer hat sich auch Sarkau in den letzten Jahrzehnten stark gewandelt. Wege verlaufen anders, eine Reihe von Häusern existiert nicht mehr, die Kirche ist nicht wiederzuerkennen. Andererseits hat Sarkau auch heute noch schöne Häuser und Wege, die man aufsuchen sollte. Als Straßendorf läßt sich die Ortschaft am besten von der Hauptstraße aus kennenlernen.

Die Kirche auf dem alten Friedhof war im 19. Jh. baufällig geworden und mußte ersetzt werden. Beim Bau der neuen, massiven Kirche im Süden der Ortschaft rechts der Hauptstraße konnte das Gebälk des alten Gotteshauses verwendet werden, die Orgel von Cranz wurde in einem Seitentrakt eingebaut. Der Turm lag in Richtung Nordosten, also zum Dorf hin, die Kirche war nicht in

Ost-West-Richtung orientiert. Ein Weihwasserbecken aus dem 15. Jh. diente als Taufbecken. Am 12. Oktober 1901 wurde die neue Backsteinkirche eingeweiht. Königin Auguste Viktoria schenkte den Sarkauern eine mit Silber gefaßte Bibel, die die Inschrift trug: »Der Herr ist gütig und eine Feste zur Zeit der Not und kennet die, so auf ihn trauen.« Der heutige Besucher hat es schwer, die ehemalige Kirche zu erkennen: Der Turm fehlt völlig, das Dach wurde abgenommen, der Anbau der Orgel stark verändert. Das weiß verputzte Haus wurde als Lagerhalle, später als Kulturhaus verwendet. Nichts läßt darauf schließen, daß dieses Gebäude einmal eine Kirche war.

In der Seitenstraße längs der Kirche stehen einige neue Holzhäuser, die in der Manier der Russen farbig angestrichen sind. Wenige Meter auf der Hauptstraße, zwischen dem Haus von Rudolf Ficht und Anna Broscheidt, stand das Wahrzeichen von Sarkau, der Anker auf dem Steinpodest. Das Denkmal erinnerte an die dreizehn Fischer, die in der Nacht vom 3. zum 4. Dezember 1924 in einem Sturm ertranken. Es ist nicht erhalten.

Auf der Hauptstraße steht linker Hand immer noch die alte Schule, das Haus von Anton Jarosch. Wo die Hauptstraße einen scharfen Knick nach links beschreibt, versperrt rechts ein Holzbretterzaun die Sicht: Dort steht, was einst das Hotel »Haffblick« von Gustav Kiehr war, das älteste Hotel in Sarkau.

Weiter im Norden schließt sich die Palwe an, auf der das Pionierlager *»Alyje Parussa«* (Purpursegel) angesiedelt wurde. Am Ende des Dorfes, Richtung Rossitten, befand sich die Schranke: Dort endete der Kraftverkehr. Nur der Arzt, die Post, der Pillkopper Omnibus und die Forstverwaltung durften mit Kraftfahrzeugen auf die Nehrung fahren, Pferdewagen, Wanderer und Fahrradfahrer konnten die Schranke jederzeit passieren.

Spaziergänge und Wanderungen

1. Zum Forsthaus Grenz/Lesnitschestwo Grenz

Die 1749 gegründete Försterei Grenz wurde 1820 an den heutigen Ort verlegt. Der Forstbezirk Grenz war Teil des Forstes Fritzen, der bis etwa km 20,3 der Nehrungsstraße reichte. Zu keiner Zeit von Wanderdünen bedroht, geht dieses Waldgebiet, der »Sarkauer Wald«, auf den ursprünglichen Nehrungswald zurück. Zur Ordenszeit wurden in dieser Gegend Wanderfalken gefangen und zur Jagd abgerichtet.

Der Spaziergang ist besonders Wanderern mit Sinn für Botanik und alte Wege zu empfehlen.

Das ehemalige Forsthaus Grenz - von den Gebäuden sind nur Fundamentreste im Wald erhalten - läßt sich am besten von der Nehrungsstraße aus erreichen. Bei km 6,5 steht rechts der Nehrungsstraße eine Schautafel mit dem Titel »Ökologische Route Forsthaus Grenz«. Standort des Betrachters ist oben rechts beim Omnibus-Zeichen. Der Waldweg halbrechts führt zum Ort des ehemaligen Forsthauses Grenz am Haff (russisch: Lesnitschestwo Grenz), der Pfad linker Hand, der »Grüne Weg«, verläuft zum Bauern Supplith (heute ist dort der Hafen von Lesnoje) und nach Sarkau/Lesnoje. Das auf dem Plan rot eingezeichnete Häuschen, etwa hundert Meter vom Haffufer entfernt, bezeichnet das Forsthaus.

Der Wanderweg ist deshalb von Interesse, weil sich unterwegs die Mosaik-Bepflanzung der Nehrung gut studieren läßt. Man sieht den Lebensbaum und die Kanadische Fichte, beide aus Nordamerika stammend, die Japanische Lärche und - nah beim Grundstück der Försterei - die Roßkastanie. Geißblatt, Flieder und Spierstrauch - Zeichen früherer Gartenbepflanzung - kennzeichnen den Ort des Forsthauses. Am Haffufer erstrecken sich große Schilfgürtel, Brutplatz vieler Schwimmvögel. Länge des Wegs: 800 Meter. Siehe auch: *»Auf der alten Poststraße«*.

2. Auf der alten Poststrasse, dem »Grünen Weg«

Wo bei km 6,5 der Wanderweg zum ehemaligen Forsthaus Grenz beginnt, enden gegenüber auf der Seeseite drei Wege auf der Nehrungsstraße: Der Waldweg links ist ein Rest der alten Poststraße. Auf diesem Wegstück, dem »Grünen Weg«, machte Königin Luise im Januar 1807 Rast. Zur Erinnerung an ihre geheime Flucht von Königsberg nach Memel wurde später an jenem Ort ein Holzpfahl errichtet, der sogenannte Königin-Luise-Pfahl. Er befand sich recht genau 350 Meter waldeinwärts links des Grünen Wegs. Wer gern auf historischen Straßen wandelt, ist hier genau richtig. Auf der alten Poststraße kommt man an jenem Ort vorbei, wo früher der Aussichtsturm Klein-Thüringen den Beginn der Kurischen Nehrung bezeichnete. Vor der Ordenszeit begann dort ein Tief, eine Verbindung zwischen See und Haff, woran immer noch der in der Ostsee versunkene Wald von Cranz erinnert. Von dort - heute steht an jener Stelle ein neues Türmchen - ist es nicht mehr weit bis Cranz/Selenogradsk. Länge des Wegs: etwa zwei Kilometer. Siehe auch: *»Zum Forsthaus Grenz«*.

3. Zur schmalsten Stelle der Nehrung

Nördlich von Sarkau, wo die Nehrung bei km 13,0 bis 15,0 nur 350 bis 400 Meter breit ist, brach im Januar 1983 die Ostsee bei einem Orkan durch die Vordüne und überflutete auf einer Breite von fast zwei Kilometern das Gelände. Die Nehrung zwischen Sarkau und Sandkrug war zur Insel geworden. In Tag-und-Nacht-Arbeit hat man den Schaden beheben können. Seither ist die Nehrungsstraße an jener Stelle wie ein Damm leicht erhöht, die Bewaldung ist jung, fast spärlich. Länge: etwa 2,5 Kilometer.

4. Weitere Spaziergänge

Am Ostseestrand von Sarkau nach Cranz - Länge: elf Kilometer. Vom Wachtturm am Strand (ehemals Rettungsschuppen) zum Ort des Dünenwartgehöfts an der Nehrungsstraße bei km 12 - Länge: ein Kilometer.

Ausflug zum russischen Nehrungsmuseum/Musei Lessa

Nördlich von Sarkau/Lesnoje, im sogenannten Kaalland, befindet sich bei km 15,0 ein ehemaliges Gästehaus des Zentralkomitees der Kommunistischen Partei in Moskau, in dem hochrangige Gäste von Partei und Regierung untergebracht wurden. Sogar ein Badehaus mit Sauna und einen Bootsanleger am Hafenufer konnten die zeitweiligen Bewohner der klotzigen Partei-Datscha benutzen.

Als 1987 der »Staatliche Nationale Naturpark Kurische Nehrung« (GPNP) gegründet wurde, richtete man in diesem Gebäude ein Nehrungsmuseum ein. Ein grünes Schild mit der Aufschrift »Musei« weist am Parkplatz bei km 15,0 die Richtung (fünf Minuten Fußweg). Am Weg zum Museum erinnert ein geschnitzter Falke auf einem Pfahl daran, daß bei Sarkau früher der preußische Jagdfalke abgerichtet wurde.

Das Museum verfügt auf zwei Etagen über fünf Schauräume. Fast alle Exponate sind erfreulicherweise in russisch und deutsch beschriftet. Im Erdgeschoß läßt sich an einem großen Holzmodell der Nehrung die Abfolge von Strand, Vordüne, Palwe, Kupstengelände, Dünenwall und Haffufer studieren. Alte Photographien zeigen Segelflieger 1938 in Nidden, Fischer auf dem Haff, den Begründer der Vogelwarte Rossitten, Johannes Thienemann, und seine Beobachtungshütte Ulmenhorst. Vieles zur Fauna und Flora der Nehrung: den Elch (und den Schaden, den er im Wald anrichtet), Wanderdünen auf dem Vormarsch. Eine Forstkarte zeigt die Jagen (Forstquadrate) rings um Rossitten. Zahlreiche Photos und Schaubilder klären über die Bedrohung der Nehrung durch Mensch, Tier und Naturgewalten auf. Auf einer großen Wandkarte ist die Einteilung der südlichen Nehrung in verschieden genutzte Zonen dargelegt. Auch Wanderwege und Naturlehrpfade im Nationalpark sind eingezeichnet, die meisten sind allerdings noch in Planung. Weiterhin wird über die Arbeit der russischen Vogelwarte informiert.

Sehr anschaulich macht dieses Museum verständlich, wie empfindlich das ökologische Gleichgewicht der Nehrung ist. Beispiels-

Haffufer am Museum nördlich von Sarkau

weise ist die Humusschicht in den Wäldern äußerst dünn: Sie wächst in fünfzig Jahren nur drei Zentimeter. Der hohe Grundwasserspiegel kann leicht zu Überschwemmungen führen. Der Verbiß der Bäume durch Wild macht nahezu jede Wiederaufforstung zunichte. Wie nebenbei wird der Besucher mit jenen unscheinbaren Gräsern bekannt gemacht, mit deren Hilfe die riesigen Wanderdünen bezähmt wurden.

Im Obergeschoß sind alte Fischergeräte ausgestellt, etwa Strohstiefel für das Eisfischen, ein Eishammer, der beim Stintfang verwendet wurde. Ferner Küchengeräte, Brandeisen, Ruder, ein kleines Modellnetz für den wissenschaftlichen Vogelfang, ein Modell der Dünenbepflanzung - und als Inschrift das alte Nehrungslied. »Manche der Besucher stehen hier und singen«, berichtet die Museumsführerin.

In einem weiteren Raum werden künstlerische Darstellungen der Kurischen Nehrung gezeigt. Neueste Errungenschaft des Museums sind Reproduktionen, vor allem der verschiedenen Gebäude der Vogelwarte Rossitten.

Öffnungszeiten: mittwochs bis sonntags 11 bis 17 Uhr.

ROSSITTEN/Rybatschi

(Einwohner: 1939 - 691, 1991 - ca. 800)

Rossitten nannte man früher »Oase in der Wüste«. Während ringsumher mit Kuschelkiefern bepflanzte Dünen und spärlich bewachsene Kupsten die Nehrung prägten, so bot die Landschaft um Rossitten ein ganz anderes, farbigeres Bild. Wogende Getreidefelder, Weiden und Waldwiesen, Gemüsegärten und das Naturparadies des Möwenbruchs lockten viele Feriengäste nach Rossitten. Durch seine Fülle war das Bauern- und Fischerdorf ein belebender Kontrast zur Kargheit der übrigen Nehrung. Hieß es woanders »Unser Land ist das Haff und die See«, so sagten die Bauern von Rossitten: »Unser Brot wächst auf den Feldern.«

Der Name Rossitten hatte nicht nur einen guten Klang, Rossitten war ein Nimbus. Düneninspektor Franz Epha plante in Rossitten die aufsehenerregende Stillegung der schier unaufhaltsam vordringenden Wanderdünen. Johannes Thienemann gründete 1901 die Vogelwarte Rossitten und ließ Zehntausende Zugvögel beringen, die den Namen des kleinen Dorfes in alle Welt trugen. Das Bauern- und Fischerdorf Rossitten wurde nach dem Ersten Weltkrieg eine der wichtigsten Begegnungsstätten der Pioniere des neuen Segelflugs, die mehrfach Weltrekorde flogen. Kein Wunder, daß der idyllisch gelegene Ort oft und gern von Feriengästen besucht wurde.

Ortsplan von Rossitten/Rybatschi
1. Leuchtturm; 2. Forstamt; 3. neues Schulgebäude; 4. ehem. Wohnhaus von Dr. Schütz; 5. altes Schulgebäude mit Lehrerwohnung; 6. Pfarrhaus; 7. ehem. Ausstellungsgebäude der Vogelwarte; 8. ehem. Wohnhaus Purwien - Schönwald; 9. Kirche; 10. Storchenhaus; 11. das letzte Wohnhaus Johannes Thienemanns; 12. Garten mit Bismarck-Eiche und Teich; 13. russische Vogelwarte (ehem. Gästehaus); 14. russische Schule; 15. Garküche; 16. Dorfladen; 17. Bürgermeisteramt von Lesnoje, Rybatschi und Morskoje; 18. Platz mit Bushaltestelle; 19. Verwaltung der Fischereikolchose; 20. Kulturhaus mit Lenin-Denkmal; 21. Verwaltungsgebäude; 22. ehem. Wohnhaus des Parasitologen Prof. Szidat; 23. erstes Gebäude der Vogelwarte; 24. Jugendherberge (Paul-Stettiner-Haus); 25. Straßendreieck mit Café; 26. Leschos (Forstkolchose), Nationalparkverwaltung. B - Bushaltestelle.

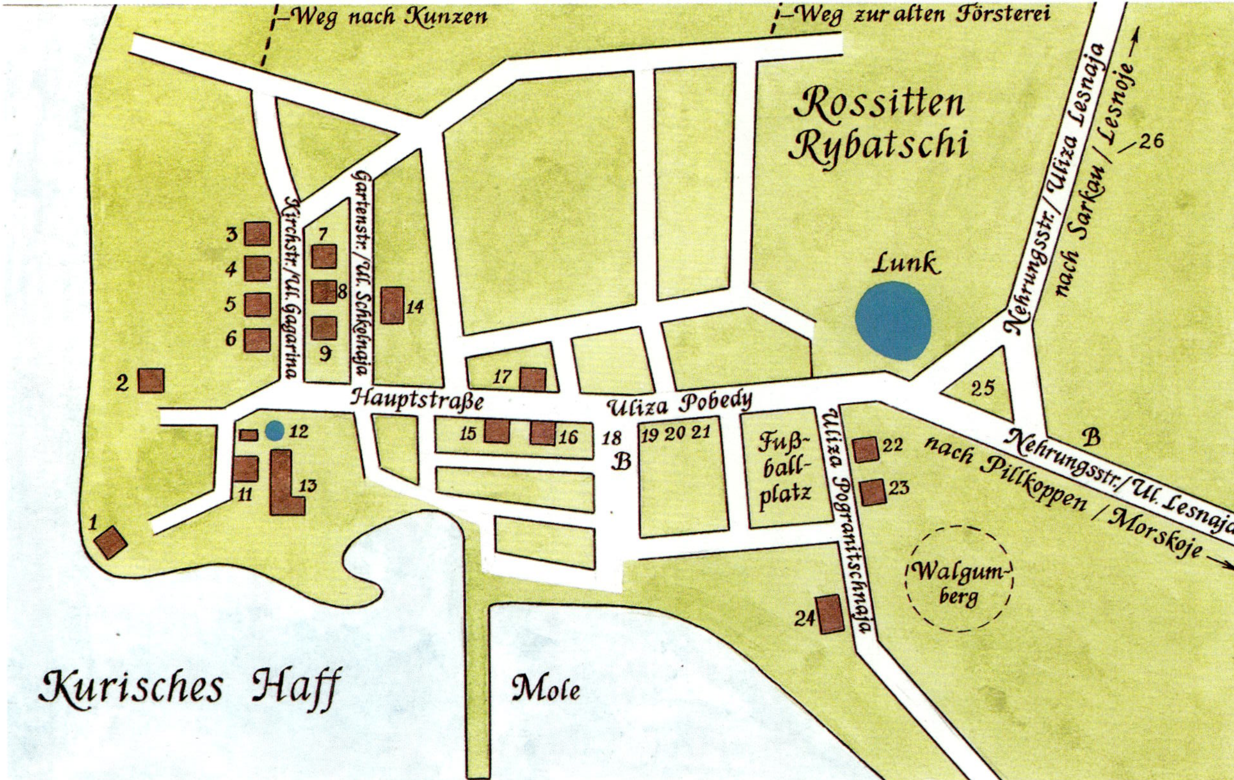

Weg nach Kunzen
Weg zur alten Försterei
Rossitten
Rybatschi
Nehrungsstr./Uliza Lesnaja
nach Sarkau / Lesnoje
26
Lunk
Kirchstr./Ul. Gagarina
Gartenstr./Ul. Schkolnaja
Hauptstraße
Uliza Pobedy
Uliza Pogranitschnaja
Fuß-
ball-
platz
Nehrungsstr./Ul. Lesnaja
nach Pillkoppen / Morskoje
B
B
Walgum-
berg
Kurisches Haff
Mole
1
2
3
4
5
6
7
8
9
11
12
13
14
15
16
17
18
19 20 21
22
23
24
25

Geschichte

Rossitten ist eines der ältesten Nehrungsdörfer. Man nannte es früher Razge, Razze, kurisch auch Rasite. Die erste Ansiedlung entstand etwa acht Kilometer südlich der Burg Neuhaus in der Nähe eines festen Ordenshauses, das einem Pfleger, also einem recht hohen Ordensritter unterstand und zur Komturei Königsberg gehörte. Die Feste diente dem Orden als Etappenziel auf den »Litauerfahrten«. Zum anderen sollte es ein Sperrfort gegen kriegerische Überfälle der Samaiten aus dem Norden sein. Der Querwall, eine wallartige Befestigung nördlich von Rossitten, ist eines der letzten Zeugnisse der Ordenszeit auf der Kurischen Nehrung.

Das 1372 erstmals erwähnte Ordenshaus Rossitten löste Burg Neuhaus bei Pillkoppen ab, das strategisch besser gelegen war, aber nur mühsam mit Lebensmitteln versorgt werden konnte. Weiter südlich jedoch war fruchtbarer Geschiebemergel für Landwirtschaft und die Herstellung von Ziegeln vorhanden.

Über dieses feste Haus ist nur wenig bekannt. Relativ sicher ist die Lage an der Nordostecke der Nehrung nahe dem Haffufer. Dieser halbinselähnliche Landvorsprung ragte in früheren Jahrhunderten mehrere hundert Meter weiter als heute ins Haff hinaus. Das Ordenshaus umfaßte eine Burgkapelle, Wirtschafts- und Verwaltungsgebäude, nach 1379 sogar ein Gestüt. Der Pfleger versah zusätzlich die Pflichten des Fischmeisters. Auch eine Ziegelei nahm die Arbeit auf: Im Jahre 1404 belieferte der Betrieb die Stadt Memel mit 443 000 Ziegeln.

Im Frieden von Melnosee (1422) verlor der Orden litauische Gebiete und verzichtete auf Samaiten. Kolonisten aus dem Norden trafen damals auf der Nehrung ein, mehrheitlich lettischer Herkunft, kurische Fischer aus Livland. Die Feste Rossitten verlor mit dem Frieden jeden militärischen Nutzen. Der herzogliche Verwalter des Fischeramtes Rossitten erhielt den Titel eines Burggrafen. Der Verwaltungssitz wurde Kammeramt, später Domänenamt für die südliche Kurische Nehrung. Die Bauwerke verfielen, der Schloßberg, auf dem sie standen, wurde unterspült. Noch bis ins 18. Jh. berichteten Reisende von den Trümmern der Festung im

Haff. E. T. A. Hoffmann ließ sich von dem sonderbaren Ort zu seiner Erzählung *»Das Majorat«* anregen. 1884 stellte man in der Nähe der ehemaligen Feste eine Haffleuchte auf, die 1904 durch einen massiven Leuchtturm ersetzt wurde.

Bereits im 14. Jh. existierte nahe am Schloß eine Siedlung, die mehrheitlich von Deutschen bewohnt wurde. 1389 ließ sich ein Gastwirt im Ort nieder. Rossitten wurde Hauptkirchort der Kurischen Nehrung. Man sprach von einem »Rossitten vorm Schloß« und einem »Rossitten vor der Kirche«. Dieser feine Unterschied erübrigte sich, als Kirche und Pastorat 1550 nach Kunzen verlegt wurden. Die Gründe für diese Maßnahme sind nicht bekannt. Das weiter südlich gelegene Fischer- und Ackerdorf Kunzen wurde für rund 250 Jahre Hauptkirchort und Pfarrsitz für die Nehrung.

Wenn es auch eine Anzahl Fischer im Ort gab, so waren die Bewohner Rossittens mehrheitlich Bauern. Im Gegensatz zu den übrigen Nehrungsdörfern, die von den typischen Fischerhäusern geprägt waren, gab es in Rossitten Bauernhäuser mit Wohnräumen, Stall und Wirtschaftskammern unter einem Dach. Die Breite der Nehrung - an dieser Stelle etwa 3,2 Kilometer - und der vor den Dünen schützende Bruchwald boten den Bewohnern Sicherheit. Deren Zahl lag recht konstant bei etwa hundertvierzig.

Rossitten galt als das sicherste Dorf der Nehrung. Die Bewohner mußten ihre Häuser zu keiner Zeit vor den Wanderdünen räumen, doch ganz ohne Gefahr war Rossitten keineswegs. Durch allzu sorglosen Holzschlag in den Bruchwäldern konnten die Wanderdünen im 19. Jahrhundert die Wälder verschütten und nah an das Möwenbruch herankommen. Jachmann, der Rossitten in den 1820er Jahren besuchte, sah das Dorf in Gefahr und mahnte: »Soll Rossitten gerettet werden, so ist keine Zeit zu verlieren.«

Am Südrand der Feldmark Rossitten ließen sich 1862 vier Fischerfamilien aus Cranzbeek nieder und nannten den idyllischen Ort nach der versandeten Dorfstelle zwei Kilometer weiter südlich ebenfalls Kunzen. Der mit Linden bestandene Ort war, so sagt man, geradezu eine Idylle. Vor dem Ersten Weltkrieg errichteten einige reiche russische Damen dort ein geräumiges Fachwerkhaus, im Volksmund »Russenhaus« genannt, das später von der Mädchengewerbeschule in Königsberg als Landschulheim genutzt wurde (siehe »Spaziergänge und Wanderungen«).

Im 19. Jahrhundert entwickelte sich Rossitten zu einem der größten Dörfer der Nehrung. 1820 zählte die Siedlung 190 Einwohner, 1861 bereits 268, 1885 400 Einwohner, um 1905 417 Einwohner zu erreichen. Die hohe Einwohnerzahl mag mit ein Grund sein, daß die Regierung die Bruchberge vor Rossitten durch Düneninspektor Franz Epha 1877/82 bepflanzen ließ, um das Naturparadies des Möwenbruchs zu retten. Unmittelbar vom Sand bedroht war Rossitten zu keiner Zeit. Um die Jahrhundertwende begann Rossittens Zeit als Feriendorf. Eine Hafenmole wurde in den Jahren vor dem Ersten Weltkrieg gebaut, an der die Haffdampfer aus Cranzbeek und Memel anlegten.

Alt-Kunzen

Die Rossittener werden vielleicht mit Argwohn auf das weiter südlich gelegene Kunzen geblickt haben, das ihnen 1550 die Kirche weggenommen hatte. Dieses Dorf war 1442 als »Cusfelde« erstmals erwähnt worden, 1505 ist von einem »Kuntz-Krugk« die Rede. Das Dorf lag am Südrand der fruchtbaren Geschiebemergelplatte, so daß auch die Kunzener Ackerbau betreiben konnten. Die Lage des Dorfes war schlecht gewählt, wie sich bald zeigte. Ab Mitte des 16. Jh. drangen die Wanderdünen langsam vor, im 17. Jh. war die Katastrophe bereits abzusehen. Wie ein Menetekel nahm sich der Dünensturz am Sandberg Beß aus, bei dem vierzehn Menschen ihr Leben ließen. Die Kirche konnte nicht mehr betreten werden und mußte weiter östlich wieder aufgebaut werden. Voll Sorge sahen die Bewohner, wie der Flugsand nach und nach den Ackerboden der Kunzener Feldmark verwehte. 1749 mußte die Ortschaft nach Osten verlegt werden, wo Ranke sie 1794 »von hinten bis ans Dach mit Sand verschüttet« vorfand.

Besonders hart traf es den glücklosen Kunzener Pfarrer. Nach dem Studium der Kirchenakten beschrieb der Schwarzorter Pfarrer Eugen Lotto die Lage seines früheren Kollegen: »Die Kirchschule war versandet, vom Pfarrhaus war die Düne nur noch zwanzig Schritte entfernt, die Pfarrscheune war schon zur Hälfte unter Sand begraben, der Pfarracker so versandet, daß er nur noch für kaum sechs Scheffel Aussaat Raum bot. (...) Die Kirche ... lag eine Viertelmeile weit von den weit zerstreuten Gehöften des Dorfes mitten unter großen Sandhügeln. Beim geringsten Winde flog der Sand schon im Innern der Kirche umher. Die Kirche war ... öfters völlig leer. Die Einwohner von Rossitten (...) blieben bei Seewinden und schlechtem Wetter aus, weil sie gegen den fliegenden Sand zu gehen sich scheuten und für ihre Pferde andrerseits in Kunzen kein Unterkommen fanden.«

Am 12. April 1803 fand die letzte Trauung in Kunzen statt, 1804 war das Gotteshaus versandet. Die Bewohner zogen nach Rossitten und Nidden. 1804 wurde Rossitten wieder Kirchspiel für die südliche Nehrung mit Ausnahme von Sarkau. Die Reste der Kunzener Kirche kaufte 1811 der Niddener Gottlieb David Kuwert für seine Postmeisterei. (Bemerkenswerterweise wurden in der ersten Zeit dort auch Gottesdienste abgehalten.) Die Häuser wurden abgebaut, was keiner mitnahm, verschwand spurlos unter den Dünen. Jahrzehnte später machten Wanderer eine befremdende Entdeckung: »Wir kamen in eine Sandwüste hinein und fanden ein Stück Boden, das mit menschlichen Gebeinen, Schädelstücken, Rippen, Wirbeln, Arm- und Beinknochen übersät war. Dazwischen lagen viel gut erhaltene und schöne Zähne, verrostete Sargnägel und kleine Überreste von Särgen. Es war der Kirchhof des ehemaligen Dorfes Kunzen.«

Die Vogelwarte

Ostpreußen im Juli 1896. Von Cranz kommend, unternimmt ein Theologe und Pfarrer eine Studienreise auf die Nehrung. Ein Freund hatte dem 32jährigen von der urwüchsigen Landschaft am Kurischen Haff erzählt. Für Kirchen, Kollegen und Gläubige hat der Reisende nur einen professionellen Blick übrig, schließlich hatte er bereits eine eigene Gemeinde verwaltet. Nein, der Reisende interessierte sich für die Vogelwelt auf der Nehrung. Was er sah, nahm ihm fast den Atem. Auf dem Möwenbruch nahe Rossitten:

Johannes Thienemann

»Nehrungseinsamkeit«

Die Menschen glauben oft, daß in so schöner Einsamkeit dauernd auf dem Lande die Nerven von Tag zu Tag stärker werden. Nein, gerade eine ausgeprägte Nervosität kann Platz greifen, und ich stehe nicht an, wie von einem Tropenkoller, so von einem Nehrungskoller zu reden. Als ganz vernünftige Erdenbürger kommen die neuen Menschen zuweilen hierher gezogen, und es vergehen ein paar einsame Winter, da sind es verärgerte, überreizte Menschenkinder geworden. (...) Und wie sehnt man sich manchmal nach Menschen! Es war im Winter 1910/11. Wir hatten elf Jahre lang ununterbrochen Sommer und Winter in Rossitten gelebt, waren Gott sei Dank immer gesund gewesen und hatten trotz kleiner Kinder nie einen Arzt gebraucht. Einen solchen gab es übrigens hier nicht. Da packte es uns in dem genannten Winter, weil wir in eine kalte, feuchte Wohnung hatten ziehen müssen. Die Betten waren zu Daueraufenthaltsorten für uns geworden. (...) Ein böser, böser Winter! Da kam die schöne Osterzeit und brachte einen Gast, einen Fremden nach Rossitten. Ein Ereignis! Der Mann wollte auch die Vogelwartensammlung besichtigen, und nie habe ich meine Schätze so eingehend und umständlich gezeigt wie damals, nur daß der Mann noch bleiben sollte. Ich hatte ja einen leibhaftigen Menschen aus der großen Welt draußen vor mir. Und der sprach auch! Man konnte sich mit ihm unterhalten! Und als er doch schließlich ging, da lud ich ihn für den Abend in unser Haus ein. Ich habe nie erfahren, wer er war und was er war; das dünkte uns auch ganz Nebensache. Nur einen Menschen haben!«

JOHANNES THIENEMANN,
»ROSSITTEN. DREI JAHRZEHNTE AUF DER KURISCHEN NEHRUNG«, 1927.

Tausende von Lachmöwen, Hunderte von Sturmmöwen, auch einige der seltenen Silbermöwen waren dort auszumachen. Im verschilften Ufer Rohrdommeln, Brachvögel, Haubentaucher und Bleßhühner, Uferschnepfen und Enten. Die Vogelwiese der Gausutte nördlich von Rossitten war von Kiebitzen, Brachpiepern, Karmingimpeln und Teichrohrsängern bevölkert. Über dreißig Jahre später schrieb der mit deftigem Humor begabte Ornithologe und leidenschaftliche Jäger über seine erste Zeit auf der Nehrung: »Ein paar Tage später tranken wir im Garten Kaffee. Die Flinte hatte ich immer bei mir. Da strich ein großer Vogel über mich weg. Ich schoß ihn. Es war eine Steppenweihe. Noch nie in meinem Leben hatte ich eine Steppenweihe gesehen, und hier schießt man diese seltenen Wanderer vom Kaffeetische aus. Ein merkwürdiges Land!«

Der schießfreudige Theologe ist kein Unbekannter. Es handelt sich um den berühmten Ornithologen Johannes Thienemann. Thienemann wurde am 12. November 1863 im Pfarrhaus Gangloffsömmern geboren. Bereits im Alter von zehn Jahren führte er ein ornithologisches Tagebuch. Nach dem Studium der Theologie verwaltete er eine Pfarrstelle, war im Schuldienst tätig, bis er, angeregt durch die Reise auf die Kurische Nehrung, zu seiner eigentlichen Berufung fand. Thienemann studierte in nicht mehr jugendlichem Alter an der Königsberger Albertina Zoologie und eröffnete am 1. Januar 1901 in Rossitten die erste wissenschaftliche Vogelwarte Deutschlands als Außenstelle der Deutschen Ornithologischen Gesellschaft. Sein erklärtes Ziel war, das Geheimnis des Vogelzugs zu klären. Der Anfang war äußerst bescheiden: »Ein dürftiger Sammlungsraum, ein Schrank mit ein paar ausgestopften Vögeln und ein Herz voll glühender Begeisterung für die Sache – das waren die Dinge, mit denen ich im Jahre 1901 ans Werk zu gehen versuchte.«

1908 war ein Wendejahr im Leben des Wissenschaftlers Thienemann. Rittergutsbesitzer E. Ulmer aus Quanditten spendete einen Geldbetrag für ein Beobachtungshäuschen, das sieben Kilometer südlich von Rossitten in den Dünen, mitten im Vogelzuggebiet, errichtet wurde. Die kleine Hütte wurde in Anspielung auf den Spender Ulmenhorst genannt. Dort verbrachte der Ornithologe während des Vogelzugs Tage und Wochen, stets in Begleitung seiner Jagdhunde und der Jungfalken. Seine Arbeit: mit dem Fernglas die Vogelschwärme beobachten, das Flugverhalten studieren, die verschiedenen Arten erkennen und in der Zahl bestimmen. Die wichtigsten Vogelarten waren unter den Greifvögeln: Sperber, Turmfalke, Weihe, Bussard, Baumfalke, Milan, gelegentlich auch Seeadler; unter den Kleinvögeln: Schwalbe, Fliegenschnäpper, Gartenrohrschwanz, Laubsänger, Rotkehlchen, Gartenspötter, Drossel, Pieper, Bachstelze und Sprosser. Weiterhin Strand- und Wasserläufer, Buchfink und Turmschwalbe, Mauersegler und der Star, der Große Brachvogel, Wildtaube, Krähe, Rotfußfalke, Buntspecht und Tannenhäher. In den besten Zeiten kamen bis zu 100 000 Vögel in der Stunde über die Nehrung. Die kleine Hütte

Rossitten: Vogelwarte, ehemaliges Museum

Ulmenhorst überstand die Zeit nach dem Ersten Weltkrieg nicht, konnte aber 1923 - diesmal in massiver Bauweise - als Jagdhütte erneuert werden. Auf einem Querbalken des Fachwerkgiebels prangte die Inschrift: *»Zur Ehre Gottes und seiner Natur«.*

Mit der Methode der Beringung konnte Thienemann die genaue Flugroute der Zugvögel ermitteln. An mehreren Stellen wurden die Vögel gefangen und erhielten einen Aluminiumring. Zwölf verschiedene Ringe und Manschetten standen zur Verfügung, je nach Größe und Art des Vogels. Aufgrund der Rückmeldungen konnte Thienemann z. B. die Route des Weißstorchs ermitteln: Ungarn, Türkei, Syrien, Ägypten, Kenia, Ostafrika bis nach Südafrika. Im Jahre 1903 nahm Thienemann 103 Beringungen vor, 1912 bereits 41226, 1936 rund 140000. Zehntausende Zugvögel trugen so den Namen »Vogelwarte Rossitten« in alle Welt. 1923 erkannte die Kaiser-Wilhelm-Gesellschaft Thienemanns wissenschaftliche Arbeit durch Übernahme der Vogelwarte Rossitten an.

Thienemanns Ansehen wuchs mit der Zeit beträchtlich. Der Grund lag wohl auch in seiner Vielseitigkeit. Thienemann war Wissenschaftler (1910 wurde er Professor der Albertina), Schriftsteller und Filmautor, Jäger und Museumsfachmann. Sogar die Falknerei betrieb er mit besonderer Hingabe, übrigens in alter Nehrungstradition. Besucher stellten sich ein, die Geldmittel flossen reichlich. 1929 übergab Thienemann die Leitung an Oskar Heinroth, der 1932 ein ***Vogelwarte-Museum*** mit Gehege eröffnete, das bis zu 25000 Besucher im Jahr besichtigten. 1936 bis 1945 war Ernst Schüz für die Vogelwarte verantwortlich. 1938 starb Thienemann in Rossitten und wurde auf dem Friedhof auf dem Kirchhofsberg beigesetzt. Die Arbeit der Vogelwarte konnte nach Ende des Zweiten Weltkriegs in Radolfzell am Bodensee fortgesetzt werden.

Erst 1956 eröffnete das Zoologische Institut der Akademie der Wissenschaften der Sowjetunion in Rossitten/Rybatschi eine »Biologische Station«. Unter ihrem Leiter Lew Ossipowitsch Belopolski (1907/90) kam auch die russische Vogelwarte zu beträchtlichem Ansehen. 1957 wurde südlich von Rossitten bei km 23 eine Feldstation eingerichtet, wo in großen, reusenförmigen Netzen

Zugvögel gefangen, untersucht und beringt werden. Die Station wurde mit dem lateinischen Namen des Buchfinks, des am häufigsten gefangenen Vogels, *»Fringilla«* genannt.

Die »Biologische Station« ist heute im ehemaligen Gästehaus des Kurhauses von Rossitten nahe dem Haffufer untergebracht. Die Forschungsaufgaben haben sich im Vergleich zur deutschen Zeit verändert und verfeinert. Beispielsweise läßt sich heute die Zahl der vorbeiziehenden Vögel mit dem Teleskop weitaus genauer und schneller schätzen. Im Laboratorium werden die Tages- und Nachtrhythmen der Vögel untersucht. Von 1956 bis 1991 wurden 1672071 Vögel beringt. Die Zahl der Rückmeldungen wird mit 24000 angegeben. 153 Arten benutzen die Kurische Nehrung als Zugstraße, rund 100 Arten brüten auf der Nehrung. Die Nistdichte wird im allgemeinen als zu hoch eingeschätzt.

Beringungen 1956/91 (Auswahl)

Art	Gesamt	Maximum/Jahr	Maximum/Tag
Buchfink	585459	46337	5781
Zeisig	156282	14496	2686
Fitis	105572	9237	1276
Rotkehlchen	45535	4210	582
Gartenrotschwanz	7701	502	91
Mönchsgrasmücke	4960	288	32
Karmingimpel	2709	185	18
Weißstorch	298	103	–

Mehr als nur Rekorde: Segelflug in Rossitten

Im Vertrag von Versailles 1919 war Deutschland der Bau motorisierter Flugzeuge untersagt worden. Um die Idee des Fliegens lebendig zu halten, wurde der Segelflug in Deutschland intensiv gefördert, u.a. auf der Kurischen Nehrung, die aufgrund der starken Aufwinde über den Dünen ideal für den Segelflug geeignet ist. Im Mai 1923 fand am Predinberg bei Rossitten die erste deutsche Küstensegelflugwoche statt - ein Wettbewerb, der für Rossitten weitreichende Folgen haben sollte. Er wurde jedes Jahr wiederholt. Bereits 1924 gründete die Rhön-Rossitten-Gesellschaft eine Segelfliegerschule nördlich von Rossitten am Schwarzen Berg. Das Unternehmen wurde am Predinberg ausgeweitet, in Pillkoppen richtete man eine Außenstelle ein. (Bei Nidden und Preil wurde ebenfalls Segelflug betrieben.) 30 000 Jugendliche »aus dem Reich« lernten im Laufe der Jahre auf der Kurischen Nehrung das Fliegen.

Auf der Kurischen Nehrung wurde nicht nur geübt und gelernt, dort wurden Weltrekorde geflogen. Der bekannteste Rekordhalter war Ferdinand Schulz (1892/1929) aus dem Ermland, ein Pionier des Segelflugs. Auf dem Küsten-Segelflugwettbewerb 1924 flog er mit seiner selbstgebauten »Besenstielkiste« acht Stunden und 42 Minuten, damals Weltrekord. Schulz wurde als Fluglehrer nach Rossitten berufen und machte das kleine Dorf weltbekannt. Im Herbst 1925 flog er auf der Krim zwölf Stunden und zwölf Minuten. Den Pendelstreckenrekord von 455,8 Kilometern in vierzehn Stunden und sieben Minuten erreichte er am 7. Mai 1927. Am 14. Mai 1927 flog er die 60,4 Kilometer lange Strecke von der Vordüne bei Rossitten am Ostseestrand entlang bis Memel. Ferdinand Schulz war der erfolgreichste Segelflieger seiner Zeit. 1929 stürzte er beim Abwurf eines Kranzes über einem Ehrenmal auf dem Marktplatz von Stuhm mit einem Motorflugzeug ab.

Die erste Schule der Segelflieger lag am Schwarzen Berg (Nordseite), während die sich anschließende Vogelwiese als Grasplatz für Motorsport- und Motorschleppflugzeuge benutzt wurde. Das Hauptlager der Segelfliegerschule mit großen Hallen, Reparaturwerkstätten, Schlafräumen, Schulungsgebäuden und Kantine befand sich nördlich des Runden Bergs. Gleich daneben lag die Landewiese für B- und C-Flüge. Am Predinberg, aber auch an vielen anderen Dünen bis über Pillkoppen hinaus, befanden sich die Übungshänge. Geflogen wurde meist bei Ostwind. Die gewöhnliche Flugstrecke lag zwischen Rossitten und Ephas Höhe bei Pillkoppen.

Die jungen Flugschüler, die im Sommer »aus dem Reich« auf die Nehrung kamen, übten u. a. am Runden Berg, dem Pawelberg. Die leichten Segelflugzeuge wurden mit dem Gummiseil gestartet und segelten hundert, zweihundert Meter bis zum Fuß des Sandbergs hinunter. Geflogen wurde zunächst der Zögling, später der besser ausgestattete Schulgleiter SG 38. Fürs Üben gab es eine vorgeschriebene Prozedur:

Im Schulgleiter sitzt ein Flugschüler und wartet. Hinter ihm halten zwei seiner Kameraden den Gleiter fest, vorn sind zwei Gummiseile befestigt, deren Enden weiter unten zehn kräftige Jungen gepackt halten, aufgeteilt in zwei Gruppen. »Haltemannschaft?« ruft der Fluglehrer. »Fertig!« ist die Antwort. »Startmannschaft?« – »Fertig!« schreien die »Gummihunde« vorn. »Ausziehen!« Auf dieses Kommando gehen die Jungen los, die Seile spannen sich. »Laufen!« Die Jungen rennen, so schnell sie nur können, mit dem Gummiseil in der Hand die Düne hinunter. Die Seile werden lang und länger. »Los!« Die beiden Halte-Jungen lassen los, der Schulgleiter schnellt in die Luft. Für Sekunden ist der Gleiter in der Luft und setzt am Fuß der Düne auf. Wer einen A-Schein erwerben wollte, mußte sich dreißig Sekunden in der Luft halten.

Die Zeit des Hängegleiters, des Zöglings und des Schulgleiters war bald vorbei. In der Ära von Paulfranz Roehre, der die Schule bis 1934 leitete, wurden größere, leistungsfähigere Flugzeuge eingesetzt, beispielsweise der Kranich IV oder das Rossitten-As, die von Motorwinden und Schleppflugzeugen hochgezogen wurden. Unterdessen brach die Kette der Rossittener Weltrekorde keineswegs ab. 1937 flog Ernst Jachmann im Einsitzer vierzig Stunden und sieben Minuten, Kurt Bödeker und Karl-Heinz Zander hielten sich im Doppelsitzer fünfzig Stunden und fünfzig Minuten in der Luft – beidemal Weltrekord im Dauerflug.

Heute wird auf der Kurischen Nehrung nicht mehr mit den Segelflugzeugen geflogen. Die Stätten des Segelflugs wurden im Januar 1945 gesprengt. Wer weiß, wo sie lagen, stößt im Wald noch ab und zu auf Spuren jener Zeit.

Der Forst Rossitten

Wo kein Wald ist, haben Förster wenig zu tun. Landkarten vom Beginn des 19. Jh. weisen Waldgebiete nur südlich von Sarkau, bei Nidden und Schwarzort aus. Nachdem 1803 bis 1864 die Vordüne am Ostseestrand angelegt worden war, bepflanzte Franz Epha in langwieriger Arbeit die Wanderdünen. Etwa um die Jahrhundertwende konnte wieder von Forst die Rede sein. Das rief die Förster wieder auf den Plan: 1903 wurde die Oberförsterei Rossitten gegründet, deren Bezirk nördlich von Sarkau begann und bis zur Süderspitze reichte. Der Wald bei Sarkau gehörte zum Forstamt Fritzen, unterstand somit traditionell einer anderen Forstverwaltung. Erster Oberförster war Walter Mortzfeld. Er bewohnte die Oberförsterei am Ende der Hauptstraße/Uliza Pobedy in Rossitten, das ehemalige Düneninspektorgehöft, Dienstsitz von Franz Epha. 1905 wurde daneben ein repräsentatives Gebäude für hohe Jagdgäste angebaut. 1923 - das halbe Forstgebiet war unter litauische Verwaltung gekommen - löste man die Oberförsterei auf, Rossitten wurde zum Revierförsterbezirk zurückgestuft, der von Sarkau bis zur litauischen Grenze reichte. Zehn Jahre darauf erfolgte die Umbenennung in Oberförsterbezirk mit demselben Gebiet. 1939 - Memelland war wieder zu Deutschland zurückgekehrt - wurde Rossitten Forstamt mit dem alten Bezirk vom Forstamt Fritzen bis zur Süderspitze.

Auch Rybatschi ist heute Sitz der Forstverwaltung, wenn auch nur der südlichen Kurischen Nehrung. Der Forstverwaltung unterstehen der 1987 gegründete Staatliche Nationale Naturpark Kurische Nehrung (Gosudarstwenny Prirodny Nationalny Park Kurschskoi Kossy) sowie das Nehrungsmuseum (Musei Lessa). Wichtigster Unterschied zu früher ist wohl der Umstand, daß die Aufsicht über den Forst und die Jagd heute nicht in ein und

ЛЕСНАЯ
7

derselben Hand liegen. Die Forstverwaltung befindet sich im ehemaligen Dünenaufsehergehöft an der Nehrungsstraße südlich von Rossitten.

Rundgang durch das Rossitten von heute

Rybatschi, wie Rossitten seit der Nachkriegszeit heißt, ist der größte und als Verwaltungssitz der drei russischen Nehrungsdörfer der bedeutendste Ort des südlichen Teils der Kurischen Nehrung. Etwa 800 Einwohner leben heute in dem Dorf (1939: 691 Einwohner). In Rossitten-Rybatschi sind zu finden: das russische Forstamt und Nationalparkamt, die russische Vogelwarte, ein Kulturhaus, Kirche und Schule, ein Geschäft, eine Garküche und ein Café, eine Kaserne, ein Fußballplatz und der größte Arbeitgeber des südlichen Teils der Kurischen Nehrung, die Fischereikolchose Trushenik Morja (Arbeiter der See), die Lesnoje (Sarkau), Rybatschi (Rossitten) und Morskoje (Pillkoppen) vereinigt.

Am Ortseingang von Rossitten liegt rechter Hand die Lunk (s. Abb. S. 78), ein kleiner, idyllischer Teich. Die Ortseinfahrt mündet in die Hauptstraße, die heute Uliza Pobedy heißt, Straße des Sieges. Links und rechts der Hauptstraße sind fast alle wichtigen Gebäude, Sehenswürdigkeiten und Institutionen zu finden, u.a. der zweigeschossige Flachbau der Verwaltung der Fischereikolchose Trushenik Morja (Arbeiter der See). Das Unternehmen ist für die Verhältnisse der Nehrung nicht gerade klein: In den besten Zeiten arbeiteten dort 1200 Mitarbeiter. Gefischt wird im Haff, in der Ostsee und im Atlantik. Dahinter liegt die Bushaltestelle von Rybatschi.

An der Hauptstraße/Uliza Pobedy sind recht ansehnliche Häuser zu finden, neue Reihenhäuser aus russischer Zeit, aber auch alte Wohnhäuser. Eine der letzten Seitenstraßen rechts ist die Kirchstraße/Uliza Gagarina, in der eine ganze Reihe von Sehenswürdigkeiten zu finden ist, allen voran die **alte Kirche** von Rossitten (Hausnummer 3). Sie wurde 1873 als Ziegelrohbau mit romanischen Formen, einer halbrunden Apsis und einem Glockenträger auf dem Giebel errichtet. Bauinspektor Tischler hatte

Verwaltungsgebäude des Staatlichen Nationalen Naturparks Kurische Nehrung in Rossitten

Die Lunk in Rossitten

das Projekt geplant, Friedrich August Stüler sah die Pläne 1863 durch. Dort hing früher ein Ölgemälde, ein Kreuzigungsbild des 18. Jh. aus der Tragheimer Kirche in Königsberg. Noch vor wenigen Jahren war die Kirche als Trockenhalle für die Netze der Fischereikolchose genutzt worden. 1992 wurde das Gebäude der russisch-orthodoxen Kirche übergeben und restauriert. Das Gotteshaus trägt heute den Namen *»Kirche des heiligen Sergei Radonesh«*. An hohen Feiertagen halten Popen aus Cranz Gottesdienst. Im Innern ist eine Ikonenwand aufgestellt. Vor der Kirche wurde 1992 ein von Eduardas Jonušas gearbeitetes Metallkreuz mit der Inschrift *»Den ehemaligen Bürgern von Rossitten«* aufgestellt. Auch das Pfarrhaus gegenüber (Hausnummer 2) ist erhalten. Nach dem Krieg diente der Backsteinbau wie die Kirche als Reparaturwerkstatt für Netze. Im Haus Nummer 7 wurde 1932 das Vogelwartemuseum mit einem Vogelfreilaufgarten, Freilaufkäfigen und einem Saal für Präparate eingerichtet (siehe Seite 70).

Zurück auf der Hauptstraße führt der Rundgang in Richtung Haff weiter. Links der Straße steht ein großes, graues, recht modernes Gebäude aus den 30er Jahren. Es ist das ehemalige Gästehaus des Kurhauses. Dort ist die russische Vogelwarte von Rybatschi untergebracht, die mit rund dreißig Mitarbeitern besetzt ist. Am Eingang des gut erhaltenen Gebäudes sind zwei Tafeln angebracht: *»1901 Vogelwarte Rossitten der Kaiser-Wilhelm-Gesellschaft«* heißt es auf der alten Tafel rechts - *»1956 Biologische Station Rybatschi - Zoologisches Institut der Akademie der Wissenschaften«* steht links in Russisch geschrieben. Das mag täuschen: Dieses Gebäude war zu keiner Zeit Sitz der Vogelwarte Rossitten, das deutschsprachige Schild der Vogelwarte wurde hier nur angebracht. Die Vogelwarte heißt heute *»Biologische Station des Zoologischen Instituts der Russischen Akademie der Wissenschaften«*.

Die Öffnungszeiten sind 9 bis 18 Uhr. Besucher werden gebeten, sich im Haus zu melden - was den Vorteil hat, daß eine Fachkraft die sehenswerte Ausstellung im Foyer erläutern kann. Neben dem Haus verläuft ein Durchgang zum Haffufer. Von dort sind in der Ferne die weiße Düne bei Pillkoppen und der Grabschter Haken zu sehen.

Der Garten der Vogelwarte ist in einem ausgezeichneten Zustand. Der idyllische Teich und das Häuschen daneben gehörten zur Storchenstation: Im Spätsommer 1926 und 1927 sammelte Thienemann Jungstörche in Freigehegen, markierte sie mit roten Farbflecken unter den Flügeln und ließ sie erst im September, einige Wochen nach den übrigen Störchen, gen Süden fliegen. Ziel der Aktion war es, die Flugroute der Jungvögel zu ermitteln. Am Gartentor liegt am Fuße einer alten Eiche ein Findling mit der Inschrift *»1. April 1885 Bismarck-Eiche gepflanzt von Marg. Epha«*. Wer von dort auf die Vogelwarte zurückblickt, entdeckt oben auf dem Dach einen metallenen Storch. Er war einst am letzten Wohnhaus Thienemanns angebracht, das der Ornithologe bis zu seinem Tod bewohnte. Dieses Gebäude steht in der kleinen Straße hinter der russischen Vogelwarte ganz hinten links (Uliza Pobedy 34).

Das stattliche Gebäude am Ende der Hauptstraße/Uliza Pobedy 49 gehörte zum Forstamt Rossitten. Genau gesagt handelt es sich um einen 1905 errichteten, repräsentativen Anbau zum Forstamt, der 1923 bis 1938 als »Gästehaus Löns« geführt wurde. Nach dem Krieg quartierte sich die Rote Armee dort ein. Das für die

Verhältnisse der Nehrung etwas groß geratene Gebäude ist gut erhalten. Im dunkelgrün gehaltenen Treppenhaus sieht es noch immer aus wie früher. Das eigentliche Forstamt, das daneben stand - bis 1903 diente es als Düneninspektionsgehöft - ist nicht erhalten.

Der Rundgang durch Rossitten-Rybatschi geht weiter über die Haffstraße oder die Hafenstraße in Richtung Haffufer. An der steinernen Hafenmole legten früher die Haffdampfer auf ihrer Fahrt von Cranzbeek nach Memel an. Südlich der Mole beherrscht der kleine Fischereihafen mit seinen Fischkuttern das Bild. Auf der anderen Seite der Mole liegt ein riesiges Schiff am Ufer: Es ist nicht gestrandet, wie man meinen könnte, sondern dient der Fischereikolchose als Kühlschiff.

Fischereihafen Rossitten

Rossitten macht heute nicht mehr den freundlichen Eindruck von einst, wenn es seinen Zauber auch nicht ganz eingebüßt hat. Von den vier Gasthöfen, die 1939 existierten, steht nur noch die »Linde«, die Villa Epha ist ebenfalls nicht erhalten. Zerstört sind die Fischerhäuser am Haffufer, die Idylle am Hafen mit den Fischerbooten am schilfigen Ufer gibt es ebenfalls nicht mehr. Rossitten hat sich von den russischen Nehrungsdörfern am meisten gewandelt.

Spaziergänge und Wanderungen

1. Zum Friedhof am Kirchhofsberg (Weisser Berg)

Man erreicht den Rossittener Friedhof am Kirchhofsberg (Weißer Berg) über die Nehrungsstraße in südlicher Richtung. Etwa bei km 33,4 beginnt bei einem weißen Gebäude (Uliza Lesnaja 1) ein Waldweg Richtung Ostsee. Nach 300 Metern liegt rechter Hand der russische Friedhof. Der Weg beschreibt eine Linkskurve und mündet nach weiteren 300 Metern in den alten Friedhof von Rossitten, erkennbar an der alten Allee mitten im Wald. Der Friedhof wurde nach dem Krieg zerstört, daher die Mulden der Gräber. Einige Grabmale konnten jedoch restauriert werden. Bänke laden die Besucher zum Verweilen ein.

Rechts des Wegs findet der Besucher das ***Grab von Franz Epha.*** *»Franz Epha – * 8. November 1828, † 16. September 1904 Königl. Düneninspektor vom 1. Juni 1864 bis 1. April 1903«* steht auf dem Findling. Der Künstler Eduardas Jonušas aus Nidden restaurierte das Grab und umgab es mit einem niedrigen Zaun. Neben dem Grab von Franz Epha liegt der ***Grabstein von Helene Möschler*** (1860/1925), seiner Tochter (das Grab lag früher an anderer Stelle). Helene Möschler war mit Albert Möschler, dem Präparator der Vogelwarte, verheiratet. Keiner kannte die Elche der Nehrung so gut wie sie, die *»Elchmutter«*. Sogar bei Geburten war sie zugegen. Auf einem dritten Grabstein lautet die Inschrift: *»Hier ruht die Asche des vereid. Bücherrevisors Carl Robert Suttkus – * 12. April 1856, † 22. Mai 1920«*. Suttkus war der Ehemann der Epha-Tochter Margarete (1863/1926). Links der Friedhofsallee

Die Bruchberge bei Rossitten

liegen die Gräber von Gustav Reichert, Inhaber des Gasthofs »Zur Mole«, und Paul Schmidt, Eigentümer des Gasthofs »Zum wilden Elch«. Am Ende der Allee befindet sich das Grabmal von Johannes Thienemann. Der alte Grabstein ist im Original erhalten und trägt die Inschrift: *»Johannes Thienemann - Begründer der Vogelwarte Rossitten - *12. 11. 1863, †12. 4. 1938 - Großer Gott wir loben Dich.«* Wie eine Photographie von 1960 beweist, ist die letzte Ruhestätte des Gründers der Vogelwarte Rossitten in der russischen Zeit weiterhin gepflegt worden, u. a. mit Hilfe des Schriftstellers Juri Iwanow. Daneben wurde im Herbst 1993 ein großes Holzkreuz errichtet, das an jene erinnert, deren Gräber hier einst lagen.

2. Die Bruchberge mit Müllers Höhe

Bei km 32,1 führt von der Nehrungsstraße in Richtung See ein breiter Sandweg zu Müllers Höhe / Gora Krutaja, der mit 52 m höchsten Erhebung der Bruchberge. Die Bruchberge sind ehemalige Wanderdünen, die im letzten Jahrhundert die Bruchwälder südwestlich von Rossitten verschütteten. 1877/82 wurden sie von

Blick auf die Feldmark von Rossitten von Müllers Höhe

Düneninspektor Franz Epha bepflanzt. Auf diese Weise konnte das Möwenbruch, ein damals auf der Nehrung einmaliges Naturparadies, gerettet werden.

Der Weg führt nach einer Rechtskurve recht steil nach links auf Müllers Höhe, wird aber gelegentlich von mehreren Senken unterbrochen. Man sollte sich unterwegs von Zeit zu Zeit umschauen: Gegenüber auf dem nördlichen Hügel wurden breite Schneisen in den Wald geschlagen, die gegen Waldbrand schützen sollen. Unterwegs gehen rechts verschiedene Wege Richtung See ab. Nach etwa fünfzehn Minuten erreicht man Müllers Höhe, benannt nach Oberforstmeister Müller aus Königsberg, der sich vor der Jahrhundertwende sehr für die Bepflanzung der Wanderdünen einsetzte.

Müllers Höhe war und ist einer der beliebtesten Aussichtspunkte der Kurischen Nehrung. Man sieht die Ostsee, die Bruchberge im Norden, die Korallenberge im Süden. Am schönsten ist der Blick auf die ehemalige Feldmark Rossitten, wo früher intensiv Landwirtschaft betrieben wurde. Statt wogender Getreidefelder sieht man heute Wiesen und Weiden. Müllers Höhe ist zum Teil zugewachsen, so daß die Sicht auf Rossitten nur eingeschränkt möglich ist. Die Forstverwaltung plant, einen Wachtturm auf der Anhöhe aufzustellen, was dringend notwendig ist: 1993 brannten hier Hunderte Quadratmeter Wald. - Jenseits von Müllers Höhe in Richtung Süden weiterzugehen, ist nicht ratsam: Die Wege enden abrupt, die Rückkehr zur Nehrungsstraße wäre mühsam.

3. Zur alten Försterei am Möwenbruch

Bei km 31,3 führt rechts der Nehrungsstraße ein befahrbarer Weg zur ehemaligen Feldmark und zur alten Försterei Rossitten. Diese kurze Wanderung ist für einen sonnigen Nachmittag genau das richtige.

Die Rossittener Feldmark reichte früher vom Süden Rossittens über zwei Kilometer nach Südwesten bis an die Kunzener Feldmark. Rossittener und Kunzener Feldmark bestanden aus fruchtbarem Lehmboden der diluvialen Geschiebemergelplatte, die intensive Landwirtschaft ermöglichte. Hier konnten die Bauern von Rossitten Gerste, Weizen, Roggen, Hafer, Kartoffeln und Gemüse anbauen. Auch die Kunzener lebten zum Teil von der Landwirtschaft, doch ihre Feldmark wurde nach und nach vom Flugsand verweht. Noch heute ist deutlich zu bemerken, daß die Waldgebiete, Waldwiesen und Weiden der ehemaligen Rossittener Feldmark fruchtbarer sind als die übrige Nehrung. Streng genommen müßte man eigentlich mit Ludwig Passarge sagen: Rossitten liegt nicht auf, sondern neben der Nehrung.

Die Waldgebiete, Waldwiesen und Weiden von Rossitten weisen die artenreichste Vegetation der Kurischen Nehrung auf. Auf den Trockenwiesen blühen der Gemeine Wundklee (Anthyllis vulneraria) und der Heide-Wacholder (Juniperus communis), das Große Zweiblatt (Listera ovata) und der Kolbenbärlapp (Lycopodium clavatum), der auch im Nadelwald gedeiht. Auf Waldwiesen und in lichten Wäldern findet man das Mittlere Winterlieb (Pyrola media), den Vielblütigen Weißwurz (Polygenatum multiflorum) und den Braunen Sumpfwurz (Epipactis atrorubens). In den Laubmischwäldern stößt man auf das Wald-Knäuelgras

(Dactylis polygama Howart), auch das Maiglöckchen (Convallaria majalis) ist gelegentlich zu entdecken. Wenn diese Pflanzen in Mitteleuropa auch keine Seltenheit sind, auf der Nehrung gelten sie als Besonderheit. Das Pflücken ist untersagt. Heute wird das fruchtbare Land nur als Weideland verwendet, in Dorfnähe auch für den Anbau von Kartoffeln und Gemüse.

Der Weg von der Nehrungsstraße zur alten Försterei führt zunächst durch typische Bruchlandschaft: Teiche, Moore, Wald und Feuchtwiesen wechseln einander ab. Die Rossittener nannten das erste Gewässer rechts »Postillionsbruch«, links der Teich hieß »Revenbruch«, Richtung Kunzen liegt der »Feuerbruch«. Dann betritt der Wanderer die freie Feldmark Rossitten längs ihrer Nordwestgrenze. Unterwegs lohnt sich ein Abstecher zum Möwenbruch, wo sich unter schattigen Bäumen gut rasten läßt.

Früher brüteten auf den verschilften Inseln des Möwenbruchs Tausende von Möwen, woran auch der russische Name - *Tschaikowoje,* Möwensee - erinnert. Doch die Möwen haben sich, wer weiß warum, andere Brutplätze gesucht. Am gegenüberliegenden Ufer trotten nachmittags die Kühe von Rybatschi ins Dorf zurück.

Der Weg längs der Feldmark führt an der verlassenen alten Försterei vorbei, für die niemand Verwendung hatte. Nach einigen hundert Metern beginnen die Kartoffeläcker von Rybatschi. Nun ist es nicht mehr weit bis zum Dorf. Durch die Uliza Stepnaja erreicht man die Hauptstraße/Uliza Pobedy.

4. Zur ehemaligen Siedlung Kunzen

Bei km 30,8 biegt von der Nehrungsstraße in Richtung Haff ein beschrankter Waldweg zur Siedlung Kunzen ab. Der Weg führt nach halblinks zunächst etwa 500 Meter durch Nadelwald, dann beginnt abrupt, wie mit dem Lineal gezogen, Laubmischwald, darunter sogar einige Eichen. Auch wilde Apfelbäume und Heckenrosen sind zu bemerken - Spuren menschlicher Siedlung. Der Wanderer steht auf dem fruchtbaren Lehm des diluvialen Bodens von Rossitten. Nach weiteren 300 Metern bemerkt man auf einer Lichtung einige auffällige Mulden und kleinere Hügel, Reste einer

Siedlung. Im Jahre 1862 ließen sich hier, am Südrand der Feldmark Rossitten, vier Fischerfamilien nieder und nannten den Ort Kunzen. Diese Siedlung, die bis zur Mitte unseres Jahrhunderts bewohnt war, war ein idyllischer, von Linden bewachsener Ort. Vor dem Ersten Weltkrieg hatten an dieser Stelle reiche Damen aus Rußland ein Fachwerkgebäude errichtet, das sogenannte ***Russenhaus,*** das später von der Mädchengewerbeschule in Königsberg als Landschulheim genutzt wurde. 1939 standen hier die Fischerhäuser von Broscheit, Freudenfeld und Gulbis sowie der kleine Laden mit Gasthof von Grütz. Wenige Meter weiter erreicht man das Haffufer. Recht große Findlinge am Ufer zeigen einmal mehr, daß die Rossittener Gegend erdgeschichtlich zu einer anderen Zeit entstanden war als die übrige Nehrung. Wer nach Süden in Richtung Dünenfeld weiterwandert, streift nach etwa 2,5 Kilometern die ehemalige Dorfstelle von Alt-Kunzen, das einige hundert Meter landeinwärts verschüttet wurde. In nördlicher Richtung erreicht man nach etwa drei Kilometern Rossitten.

5. Predinberg und Haffufer

Nördlich von Rossitten schließt sich ein Gebiet an, das man früher Gausutte nannte. Es umfaßt den niedrigen Walgum-Berg hinter der alten Vogelwarte, den 1906/10 bepflanzten Schwarzen Berg (33 Meter), wo sich heute eine Militäreinheit befindet, die Vogelwiese und die Schwarze-Berg-Bucht. Die Vogelwiese, früher Weide und ein wichtiger Rastplatz für Zugvögel, wurde in den 20er Jahren als Flugplatz für Motorsportflugzeuge genutzt. Weiterhin folgen rechts der Nehrungsstraße der Runde Berg (20 Meter) und der Predinberg (42 Meter). Zwischen dem Schwarzen Berg und dem Predinberg lag zwischen 1923/45 das Zentrum der Segelfliegerei auf der Kurischen Nehrung.

Auf der Nehrungsstraße steht bei km 37,3 ein Schild mit einem durchgestrichenen roten Pfeil im roten Kreis (»Rechts abbiegen verboten«). Dort beginnt ein Waldweg, der nach etwa 400 Metern in eine freie Fläche mündet, auf der in unregelmäßigen Abständen Betonblöcke liegen. Es handelt sich dabei um Überreste der Segel-

Predinberg nördlich von Rossitten

fliegerschule Rossitten, die zwischen dem Runden Berg und dem Predinberg lag. An dem Ort ist nichts mehr sehenswert. Interessanter ist der Platz als Ausgang für eine Wanderung zum Haffufer. Ein Weg führt in nördlicher Richtung (etwa parallel zur Nehrungsstraße) zum Predinberg, wo das zweite große Dünenfeld beginnt, das sich bis zum ***Altdorfer Berg*** bei Pillkoppen erstreckt.

Die Dünen zu betreten, ist zum einen beschwerlich, zum andern untersagt. Sinnvoller ist es, den Weg am Haffufer fortzusetzen, das recht nah ist. Wenn die Wege hier auch etwas zugewachsen sind, das Haffufer ist nach wenigen hundert Metern zu erreichen. Von dort bieten sich zwei Möglichkeiten: am Haffufer entlang nach Pillkoppen/Morskoje, vorbei an den großen Wanderdünen, die bis ans Ufer heranreichen, oder, ebenfalls am Ufer entlang, zurück nach Rossitten. Man sollte den Weg nur mit festem Schuhwerk (oder barfuß) unternehmen, denn der Sand am Haffufer ist nicht immer so tragfähig, wie man meinen könnte: Unversehens sinkt man bis zu den Waden in den tückischen Treibsand ein. Am besten marschiert man direkt am Spülsaum der Wellen. Der Weg nach Rossitten kann durchaus unvorhersehbare Hindernisse bieten: Im Sommer 1993 versperrten Hunderte entwurzelter Bäume den Weg. Gerade dort läßt sich die zerstörerische Wirkung des Haffs (und der Winterstürme) gut beobachten. Längs der Schwarze-Berg-Bucht erreicht man wieder Rossitten.

Ausflug zur Feldstation »Fringilla« der russischen Vogelwarte

Bei km 23 befindet sich auf der Haffseite die russische Feldstation »Fringilla«/Polewoi Stazionar Fringilla, benannt nach dem Buchfinken, lateinisch fringilla, dem meistberingten Vogel. Sie wurde 1957 eingerichtet und verfolgt wie die deutsche Vogelwarte das Ziel, Zugvögel zu beringen. Man erreicht die Feldstation über mehrere Waldwege rechts der Nehrungsstraße (Haffseite). Die Häuser stehen mitten im Wald, die beiden großen Netze sind am Waldrand aufgespannt. Auch die Dünenlandschaft jenseits der großen Netzanlagen ist einen Besuch wert. Das Bootswrack mitten in den Dünen ist das Überbleibsel eines russischen Filmteams.

Jedes Frühjahr stellen die Wissenschaftler zwei riesige, reusenförmige Stellnetze auf. In einem kleinen Käfig werden einige Singvögel gehalten, die die Vogelschwärme in die Netze locken. Die gefangenen Vögel werden mehrmals stündlich herausgenommen und in einem eigenen Labor untersucht. Der diensthabende Ornithologe notiert zu jedem Vogel Art, Geschlecht, Alter, Datum und Uhrzeit der Beringung, die Nummer der Fangstation, Länge der Flügel, Fettansatz (wichtig für das Durchhaltevermögen auf dem Flug in den Süden), Gewicht und Beschaffenheit des Gefieders. Zum Abschluß der Untersuchung werden die Vögel mit einem Aluminiumring versehen, über dessen Nummer sich die Hauptflugroute in den Süden verfolgen läßt. Die Wissenschaftler sind auf Besuch eingestellt und beantworten gern Fragen zu ihrer Arbeit. Spenden sind nicht unwillkommen.

Wrack in den Dünen nahe der Feldstation »Fringilla«

Seite 89: Feldstation »Fringilla« der russischen Vogelwarte Rossitten

PILLKOPPEN / Morskoje

(Einwohner: 1939 - 301, 1991 - ca. 150)

Pillkoppen hat es nie leicht gehabt. Anfang des 17. Jh. starben vermutlich fast alle Bewohner an der Pest. Dreimal mußten die Fischerfamilien den Wanderdünen weichen und ihre Häuser abbrechen. Gegen die übrigen Nehrungsdörfer kam Pillkoppen nie so recht an: Nidden sonnte sich im Glanz der Künstlerkolonie, Schwarzort zählte auf sein schönes Villenviertel, Rossitten hatte seinen Vogel-Professor Thienemann und die Segelflugschule. Was war Pillkoppen? Ein kleines, verträumtes Fischerdorf. So manchem gefiel genau das.

Die alten Dorfstellen

Im Jahre 1283 gründete der Deutsche Orden auf dem Schloßberg (mons Pillecop) die Festung Neuhaus. Zum Anwesen gehörte eine Kirche, die von den Bewohnern, die sich bei der Burg niederließen, besucht werden konnte. Die Ortschaft, 1532 erstmals erwähnt, befand sich etwa in der Höhe des Skielwieth-Hakens (km 41,8) und hieß zunächst Neustadt; ab 1620 bürgerte sich der dem Kurischen entstammende Name Pillkoppen ein (pilis = Burg, kapas = Berg). Auf diese Siedlung deutet auch der *spätere* Name des Schloßbergs hin: Altdorfer Berg. Auch einen Kirchhof gab es (km 41,3).

Etwa 1560 wurde ein Krug angelegt, der im ersten Jahr *»53 Tonnen«* Bier ausschenkte, wofür vier Mark und 25 Pfennige Zins zu entrichten waren. Im Pestjahr 1570 starben viele der Bewohner von Neuhaus. Etwa ab Mitte des 17. Jh. machten die Wanderdünen Pillkoppen sehr zu schaffen. 1657 zog der Krüger etwa zwei Kilometer weiter nach Nordosten, was in etwa der heutigen Lage des Dorfs entspricht. 1712/13 war Pillkoppen endgültig versandet.

Die neue Siedlung, zunächst Petsch genannt, zählte 1712/13 ganze vierzehn zinsende Halbfischer, drei Instleute und als wichtigsten Mann den Krüger. Bereits in jenem Jahr ging es mit Petsch bergab: Der schützende Wald im Westen war durch Holzschlag

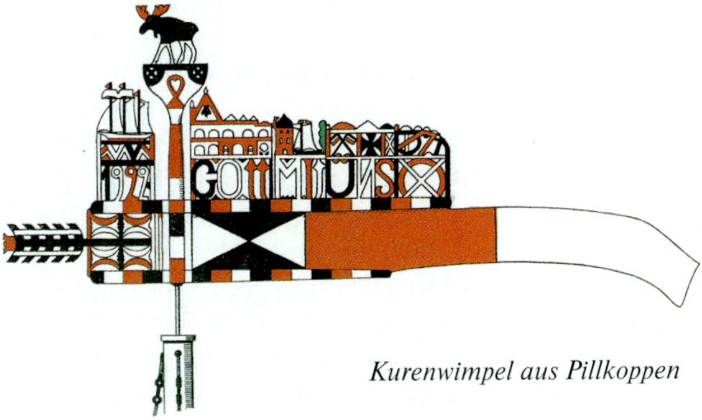

Kurenwimpel aus Pillkoppen

immer lichter geworden. Wiederum machte der Sand der Wanderdünen den Bewohnern das Leben schwer.

1728 ließen sich nicht wenige Bewohner drei Kilometer weiter in Richtung Nordosten am Nordabhang des Hirschbudenbergs nieder, etwa bei km 46,0. Dieses Dorf hieß zunächst Dumschel oder Dumsel und erhielt ab 1753 den Namen Neu-Pillkoppen, während die zurückgelassene Siedlung Alt-Pillkoppen genannt wurde. 1743 erhielt das Dorf eine Schule, ein Ortsschulze hatte die Strand- und Bernsteinaufsicht inne, ein Unterförster sah im Wald nach dem Rechten. 1747 ließ sich auch der Krüger in Neu-Pillkoppen nieder. Zehn Jahre später verwüsteten die Russen die beiden Ortsteile und lichteten während der Besatzungszeit (1757/63) den Nehrungswald beträchtlich.

1797 wurde in Neu-Pillkoppen die Unterförsterei aufgegeben: Es war kein Wald mehr da. Damals zog auch der Krüger wieder zurück nach Alt-Pillkoppen. »Die Veränderungen, die hier bei Neu-Pillkoppen vorgehen, sind äußerst rasch«, schrieb Jachmann 1825. »Ein 30 bis 40 Fuß hoher Sandberg ist jetzt da, wo noch vor wenigen Jahren die Häuser auf einer feuchten Ebene standen und die jetzt nur auf Fischfang beschränkten Bewohner reichlich Kartoffeln und Zwiebeln bauten, wozu jetzt kein brauchbares Plätzchen zu finden ist.« 1839 wurde das letzte Haus in Neu-Pillkoppen abgebrochen. Der Friedhof, der sich etwa bei km 46,5 befand, wurde noch länger genutzt. Ein vor wenigen Jahren in den Dünen gefundener Gedenkstein trägt die Aufschrift: *»Friedhof Pillkoppen versandet 1900«*.

Nach und nach waren die Neu-Pillkopper in den alten Ortsteil zurückgekehrt. Ein Hoffnungsschimmer war, daß der Wind, der durch das Dünentor in den Ort blies, die versandeten Wiesen wieder freifegte. Doch im großen und ganzen war auch hier die Lage recht hoffnungslos. Die Düne des Petschbergs wanderte scheinbar unaufhaltsam immer weiter auf das Dorf zu. Der Staat wollte die Bewohner umsiedeln, doch die Pillkopper entschieden sich fürs Bleiben, zu oft hatten sie dem Sand weichen müssen. 1887 begann

Blick auf Pillkoppen von Ephas Höhe

Düneninspektor Franz Epha mit der Bepflanzung des 63 Meter hohen Petschbergs, der drohend über dem Dorf hing und bereits die ersten Häuser erreicht hatte. 1892, nach sechs Jahren harter Arbeit für 300 Menschen, war das Werk vollbracht. Dem Bezwinger zum Dank wurde der Petschberg 1891 in »Ephas Höhe« umbenannt. Die Pillkopper, die nun wieder in Ruhe schlafen konnten, setzten dem Düneninspektor an der Nehrungsstraße einen Stein mit dem Schriftzug *»Epha's Höh'. 1891«* (nicht erhalten).

Ortsbeschreibung

Der heutige Besucher sieht Morskoje (Meerdorf), wie Pillkoppen genannt wird, mit anderen Augen als die Feriengäste früher: Da sich Sarkau, Rossitten, Nidden und Schwarzort sehr verändert haben, präsentiert sich Pillkoppen, wo fast alles beim alten blieb, heute als das ursprünglichste Dorf der Nehrung. Kein Heizkraftwerk, kein Fischereikombinat verschandelt den Ort. Kein Wunder, daß es die Kaliningrader hierher zieht, u.a. den (1994 verstorbenen) Schriftsteller Juri Iwanow. Wer sehen will, wie die Nehrungsdörfer früher aussahen, der gehe nach Pillkoppen.

Auf Ephas Höhe

Es gibt keinen besseren Ort, Pillkoppen kennenzulernen, als Ephas Höhe. Der Blick von der bezwungenen Wanderdüne, die das Fischerdorf einst zu verschlingen drohte, ist ausgesprochen anregend und vermittelt einen Eindruck vom Wesen der Nehrung. Auf der Zufahrtsstraße zum Ort wähle man die erste Abzweigung rechts. Der Fußweg führt über eine erste Anhöhe, dann durch eine leichte Senke. Auf der zweiten Anhöhe bieten sich mehrere Möglichkeiten, nach links durch den lichten Wald zu gehen. Nach etwa hundert Metern eröffnet sich ein bezaubernder Ausblick auf Pillkoppen. Wer noch zweifelt, ob das heutige Morskoje den Charakter des alten Pillkoppen bewahrt hat, hier wird er endgültig überzeugt. Pillkoppen-Morskoje ist sich weitgehend treu geblieben – mit einigen Ausnahmen, über die noch zu reden sein wird.

Folgendes Bild bietet sich dem Besucher: Im Südwesten (rechter Hand) liegen die mächtigen Dünenausläufer am Skielwieth-Haken, die sich in den letzten Jahrzehnten noch weiter ins Haff vorgeschoben haben. Das Gelände halbrechts, der ehemalige Sportplatz, wurde bis zum September 1993 vom russischen Militär genutzt. Dort im Süden wird der Haffgrund vertieft, möglicherweise für den Bau eines kleinen Hafens.

Linker Hand dominiert am Ortsende das hohe Ziegeldach der früheren Schule, heute als Dorfladen genutzt. Rechts daneben sind – etwa beim Signalmast – die zierlichen Dächer von vier neuen Ferienhäusern zu erkennen.

Louis Passarge

»Sonntagmorgen in Pillkoppen«

Fast alle Häuser haben auf den Giebelspitzen die auch anderswo in den slavischen Ländern und in Norddeutschland vorkommenden Pferdeköpfe (...) Die Pferdeköpfe auf der Kurischen Nehrung haben aber noch eigenthümliche Zugaben. Es fehlt niemals der Zaum, welcher vom Gebiß ausgehend sich an den Hals schließt, ebenso die Mähne, die – wahrscheinlich um das Flattern auszudrücken – sich von dem Kopfe geschwungen, loslöst. Auf der Spitze des Kopfes und zwar hinter den Ohren steht, immer mit einer leichten Neigung nach Außen, das heißt nach den Ohren, eine Figur, deren Charakter schwer zu bestimmen ist. Sie könnte ein Engel mit erhobenen Flügeln sein, oder eine Blume oder sonst etwas. Wahrscheinlich stellt sie eine Blume dar; denn bei manchen sind Blüthenkelch und Blätter – wenn auch in naiver Weise – erkennbar gemacht.«

LOUIS PASSARGE, »AUS BALTISCHEN LANDEN«, 1878

Haus in Pillkoppen

Pillkoppen heute

Pillkoppen nähert man sich am besten zu Fuß. Von der alten holprigen Zufahrtsstraße zum Dorf biegt links der Weg zum neuen Zollhaus und zur Försterei ab, der Weg geradeaus führt direkt zur Ortsmitte.

Hinter einer kleinen Kreuzung - dort befindet sich die Bushaltestelle - steht das ehemalige »Gästehaus zur Wanderdüne« von Hermann Gulbis II, erkennbar an seinem weißen Giebel. Dahinter erhebt sich ein malerisch anzusehender Netzschuppen. Selbst gebürtige Pillkopper kommen hier ins Nachdenken: Dieser Holzschuppen war einmal das Restaurant »Zur Wanderdüne«.

Zum Haffufer ist es nicht mehr weit. Früher über dreißig Meter breit, ist es heute nur wenige Meter schmal und fast ganz mit Huflattich bewachsen. Das breite Ufer ist Opfer der veränderten Strömungen, der Stürme und des Eisgangs geworden. Dem Verlust an Boden fiel auch die Pelk zum Opfer, ein Teich am Ufer, der sich etwa beim Anwesen von Wilhelm Toll (Richtung Düne) erstreckte. Der Signalmast, der den Fischern draußen auf dem Haff Sturm meldete, war etwa dreißig Meter vom Ufer entfernt errichtet worden, heute wird sein Fundament von Wasser umspült.

Der Weg verläuft weiter am Haff entlang Richtung Signalmast. Am Eiskeller führt ein Weg zur Ortsmitte zurück. Der Besucher nähert sich nun jenem Ortsteil von Pillkoppen, der am besten erhalten ist. Der kleine Weg, der rechts abbiegt, führt auf den großen Gemeindeplatz mit den beiden Schulgebäuden. Linker Hand liegt das Haus von Karl Baltsch; hier wohnte der (1994 verstorbene) Schriftsteller Juri Iwanow aus Kaliningrad, der sich um die Nehrung große Verdienste erworben hat. Das Haus ist leicht an dem von Eduard Jonušas entworfenen Pillkoppen-Denkmal zu erkennen, auf dem in Deutsch zu lesen steht: *»Den ehemaligen Bewohnern von Pillkoppen zum Gedenken«*. Daneben liegt ein Stein, den Jonušas in den Dünen nördlich von Pillkoppen fand. *»Friedhof Pillkoppen versandet 1900«* lautet die Inschrift. Er soll ins Museum bei Sarkau gebracht werden.

Die neue Schule von Pillkoppen, heute Dorfladen (im Hintergrund Ferienhäuser)

Das schmale Haffufer bei Pillkoppen

Das letzte Haus am großen Gemeindeplatz, auffallend grün mit weißen Linien bemalt, war die alte Schule, in die nach dem Bau des neuen Schulgebäudes - sie steht gegenüber und dient als Geschäft - der Lehrer einzog. Rechts neben der Schule Richtung Haff wurden 1993 vier Ferienhäuser mit Restaurant errichtet.

Spaziergänge und Wanderungen

1. Der Friedhof

Der Friedhof - es ist der dritte Gottesacker dieses Dorfes - liegt etwa 500 Meter nördlich von Pillkoppen unweit des Haffufers am ehemaligen Caspalege-Haken. Der idyllische Ort ist bequem über den Friedhofsweg zu erreichen, der links an der Schule vorbeiführt. Unterwegs passiert der Besucher linker Hand das neue Zollhaus, rechts steht die Försterei von Willi Meller, das besterhaltene Haus aus deutscher Zeit. Die malerische Allee führt recht eigenwillig über kleine Erhebungen und durch einige Senken zu dem auf einem Hügel gelegenen, zum Haff abfallenden Friedhof. Das

Anwesen ist umzäunt und weist vor allem russische Gräber auf, deutsche Grabstellen sind nicht mehr erhalten. An die Gräber der früheren Bewohner erinnert ein 2,50 Meter hohes Holzkreuz mit der Aufschrift: *»Gedenken der Toten«*.

2. Nördlich von Pillkoppen

Wer nördlich von Pillkoppen zum ehemaligen Caspalege-Haken wandert, erlebt einen der stillsten und ursprünglichsten Orte der Kurischen Nehrung. Der Wanderer befindet sich dort im Grenzbereich: Einige der im Folgenden geschilderten Plätze können daher nicht aufgesucht werden.

Der Weg führt zunächst zum Friedhof, vorbei am *Lepas Kalns* (59 Meter) und dem *Caspalege-Berg* (54 Meter). Beide Anhöhen sind heute bewaldet, während der *Hirschbudenberg* (56 Meter) nach wie vor weiße Düne ist. Weiter nach Nordosten erreicht man den ehemaligen Caspalege-Haken, der von den Stürmen der letzten Jahrzehnte beträchtlich abgetragen wurde. An der Südseite des Hakens befand sich früher der Winterliegeplatz der Pillkopper Kurenkähne. Das Wasser ist dort mit zwei Metern ausreichend tief, so daß die Boote unmittelbar ans Ufer fahren konnten.

Nördlich des Hakens, an der Dumschel-Bucht, befanden sich früher die sumpfigen Viehweiden von Pillkoppen. Dort bildete sich ein kleiner See. Das idyllische Gewässer hat noch keinen Namen, nennen wir es darum einfach »Caspalege-Teich«. Im Krieg existierte an der Bucht ein Landungssteg, wo Zement und Steine für den Bau der Geschützfundamente auf Ephas Höhe angelandet wurden. Per Lorenbahn transportierte man das Material auf die Anhöhe.

An der Dumschel-Bucht lag früher das Dorf Neu-Pillkoppen. Dahinter beginnt der Grabschter Haken mit dem *Roterwald-Berg* (42 Meter), wo die Nehrung eine Breite von 3,2 Kilometern erreicht. Die Pillkopper Filiale der Segelfliegerschule lag einst ganz im Norden an der heutigen Grenze. Kurz und gut: Das dritte große Dünengebiet, das sich bis zur Hohen Düne bei Nidden erstreckt, ist zu einem großen Teil Grenzgebiet und damit kaum zugänglich.

3. Zum Altdorfer Berg

Eine Wanderung über *Ephas Höhe* (60 Meter) zum *Altdorfer Berg* führt den Besucher zu einem der schönsten Punkte der Nehrung und zu jenem Ort, wo Pillkoppen entstand (siehe oben). Der Weg biegt von der Zufahrtsstraße nach Pillkoppen rechts ab. Die Betonstraße, einst Rodelweg, dann Zufahrt der russischen Armeelaster zu ihrer (inzwischen aufgegebenen) Militärbasis geht über in einen mit Eisenlochplatten befestigten Weg.

Nach etwa zwei Kilometern lichtet sich der Wald und gibt den Blick frei auf ein fast fünf Kilometer langes Dünenfeld, das sich bis Rossitten erstreckt. Gebürtige Pillkopper nennen diese Stelle *»Ende Bepflanztberg«*. Links am Abhang - dort befindet sich eine Birkengruppe - wurde eine Aussichtsplattform angelegt, von der

Weg zur Aussichtsplattform am Altdorfer Berg

Am Altdorfer Berg

sich ein ausgezeichneter Ausblick auf das große Dünengebiet südlich von Pillkoppen, auf das Haff und die Ostsee bietet. Direkt vor dem Betrachter liegt der 59 Meter hohe Altdorfer Berg, dessen Name vom ersten Dorf Pillkoppen stammt. Rechts vom Altdorfer Berg lag einst der alte Kirchhof Pillkoppen. In der Ferne erhebt sich bei Rossitten ein Turm mit militärischer Verwendung. Etwa 50 Meter weiter den Hang hinauf eröffnet sich ein schöne Aussicht auf den Skielwieth-Haken und Pillkoppen.

Dieser Aussichtspunkt ist von der Nehrungsstraße ebenfalls gut erreichbar (km 42,2). Ein zweiter Weg zu dieser Plattform führt direkt am Abhang von Ephas Höhe entlang.

Der litauische Teil der Kurischen Nehrung/ Kursių Nerija

Nach der russisch-litauischen Grenze (km 51) erwarten den Reisenden die Orte Nidden/Nida, Preil/Preila, Perwelk/Pervalka, Schwarzort/Juodkrantė und Sandkrug/Smiltynė, die - mit Ausnahme von Sandkrug - in der Verwaltungsreform von 1961 zur Gemeinde Neringa zusammengefaßt wurden.

Der nördliche Teil der Kurischen Nehrung ist 94,5 km² groß. Dieser Teil der Nehrung ist wesentlich »zivilisierter«, hat nicht jene »Wildnis«, die sich der Süden bewahren konnte. Reizvoll sind die Durchblicke, die sich von der Nehrungsstraße auf einige Dünengebiete und das Haff ergeben.

Nationalpark Kurische Nehrung

Der litauische Nationalpark Kurische Nehrung - Kursių Nerija National Park - wurde 1991 gegründet. Nach offiziellen Angaben umfaßt er eine Fläche von 180 km², bei einer Bodenfläche von 76 km² (geschätzt). Auch der litauische Nationalpark unterliegt besonderen Gesetzen, auf die an der russisch-litauischen Grenze sowie bei Alksnyne an der Nordgrenze des Nationalparks hingewiesen wird.

Verhaltensmaßregeln
Verboten sind bei hoher Geldstrafe das Befahren der Waldwege mit Kraftfahrzeugen aller Art, Zelten, offenes Feuer, Rauchen im Wald, das Ausführen von Hunden im Wald. Das Pflücken von Pflanzen, insbesondere Heilkräutern, ist ebenfalls untersagt. Das Baden im Haff ist nicht gestattet, Baden an der Ostsee nur an den ausgewiesenen Stränden, die abends ohne Ausnahme zu verlassen sind. Das Betreten der Wanderdünen wird nicht gern gesehen, das Hinunterrutschen an den Steilhängen ist verboten.

Zonen des Nationalparks

Reservate sind die Dünenfelder und Waldgebiete südlich von Nidden/Nida sowie das große Dünenfeld nördlich von Perwelk/Pervalka bis Schwarzort/Juodkrantė. Schutzgebiete liegen zwischen Nidden/Nida und Preil/Preila, zwischen Preil/Preila und Perwelk/Pervalka, nördlich von Schwarzort/Juodkrantė bis Alksnyne sowie das Gebiet nördlich von Alksnyne bis zum Schweinerücken, das nicht mehr zum Nationalpark gehört.

Zutritt

Bei der Einfahrt in den Nationalpark ist eine Schutzgebühr zu entrichten.

Kilometerschema der Kurischen Nehrung von der russisch-litauischen Grenze bis Süderspitze/Kopgalis

Das Kilometerschema beschreibt die Kurische Nehrung mit Blickrichtung aus Süden. Die Kilometer-Doppelschilder links der Straße geben das litauische Kilometerschema an und haben mit der Kilometrierung aus deutscher Zeit nichts gemein. Dabei markiert die Ziffer auf dem linken Schild die zurückgelegte Strecke von Süden, die Ziffer auf dem rechten Schild die zurückgelegte Strecke von Norden. Die Summe ergibt stets 51. Die Kilometrierung erfaßt die Strecke von der Grenze bis zum alten Fähranleger. **Orientierungslinie ist stets die Nehrungsstraße**. Die Bezeichnung »links« bedeutet in jedem Fall links der Nehrungsstraße aus südlicher Richtung, »rechts« dementsprechend rechts der Nehrungsstraße aus Süden. »Strand« meint stets den Ostseestrand, »Ufer« das Ufer des Haffs. Von den alten Dorfstellen und Kirchhöfen ist nichts erhalten.

KM 50,2

Grenztafel »Lietuvos Respublika«. Haltemöglichkeit. Die hier verlaufende Staatsgrenze war etwa 700 Jahre lang eine Verwaltungsgrenze: Der nördliche Teil der Kurischen Nehrung wurde zuletzt vom Kreis Memel verwaltet, die südliche Hälfte vom Kreis Fischhausen.

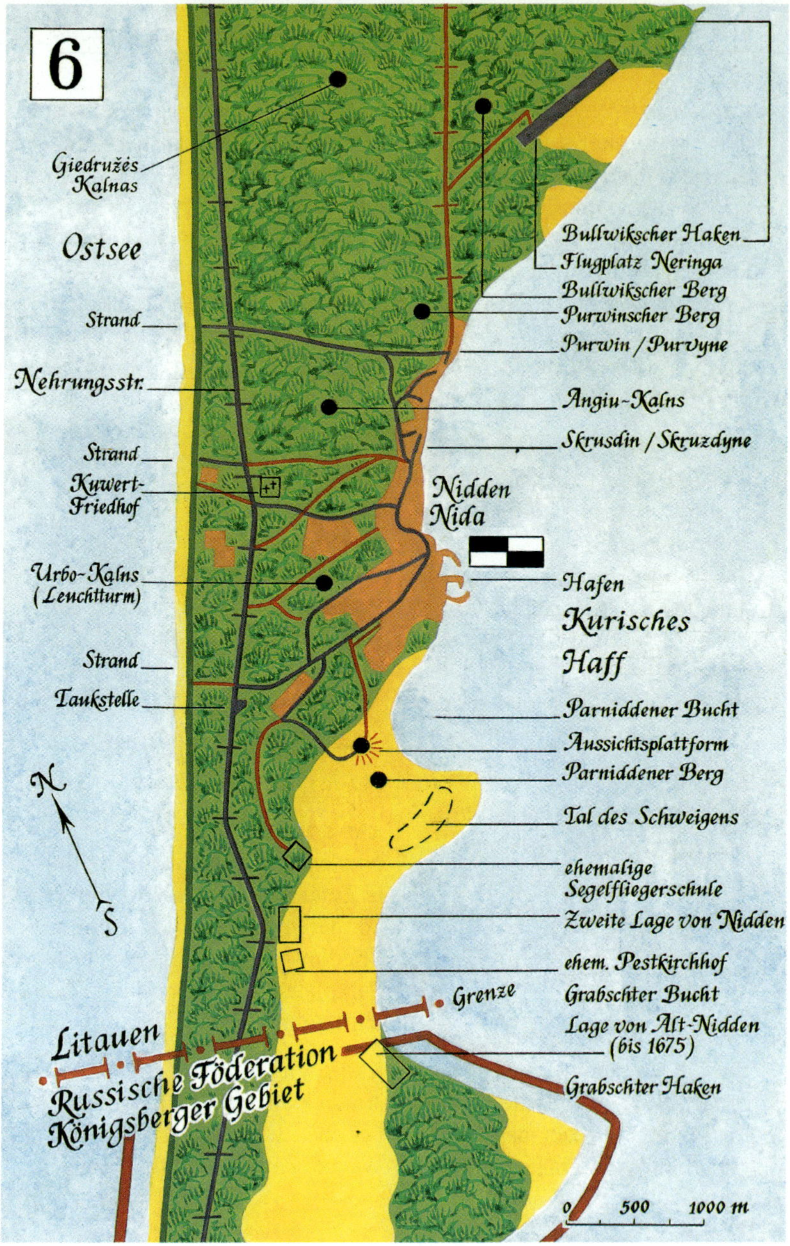

Nehrungsstraße KM *48,5 bis* KM *8,5/42,5*

KM 1/50
Der litauische km 1/50 fällt theoretisch mit dem russischen km 50 zusammen, obwohl die Schilder etwa 250 m auseinanderstehen. Am Südrand der Grabschter Bucht/Grobsto ilanka befand sich bis 1675 die älteste Dorfstelle von Nidden.

KM 1,7/49,3
Wo die Nehrungsstraße einen leichten Bogen zur Seeseite beschreibt, befand sich rechts der Nehrungsstraße 1675 bis 1735 die zweite Dorfstelle Niddens - jenes Dorf, dessen Bewohner ohne Ausnahme der Pest zum Opfer fielen. Südlich davon der alte Pestkirchhof/Senieji markapiai von Nidden.

KM 3,0/48,0
Parniddener Berg/Parnidzio kopos mit der Hohen Düne/Didzioji kopa (52 m) und dem Tal des Schweigens/Mirties slėnis. Aussichtsplattform bei der Hohen Düne, mit Parkplatz. Zufahrt: nördlich des Grenzpostens. Im Wald ein Gedenkstein für die ehemalige Segelfliegerschule/Buv. sklandymo mokyklos vieta. - Haken der Hohen Düne: Parnidzio ragas.

KM 3,5/47,5
Litauischer Grenzposten. Reisende haben eine Gebühr für den litauischen Nationalpark Kurische Nehrung zu entrichten. Schilder und Tafeln informieren über die litauischen Dörfer, die verschiedenen Nutzungsmöglichkeiten, Parkplätze und nennen Verbote und Gebote. - Tankstelle. - Parniddener Bucht/Parnidžio įlanka.

KM 3,7/47,3
Nidden/Nida. Rechter Hand die südliche Zufahrt/Taikos gatve. Parkplatz. - Links führt ein Weg zum FKK-Strand für Frauen.

KM 4,5/46,5
Urbo Kalns/Urbo kalnas (52 m) mit Leuchtturm.

KM 4,7/46,3
Nidden/Nida. Rechts die mittlere Zufahrt/G. D. Kuverto Gatvė, an deren Beginn der Kuwert-Friedhof/Kuverto kapas liegt. Parkplatz. - Linker Hand Zufahrt zum Strand.

KM 5,9/45,1
Angiu Kalns/Angių kalnas (58 m), der Schlangenberg mit Wachtturm einer Militäreinheit.

Der Wind formt den Sand der Dünen ständig neu

KM 6,2/44,8
Nidden/Nida. Rechter Hand die nördliche Zufahrt. Parkplatz. Die Straße führt nach Purwin/Purvynė, Skrusdin/Skruzdynė mit dem Thomas-Mann-Museum.

KM 6,5/44,5
Purwinscher Berg/Purvynės kalnas (15 m).

KM 8,0/43,0
Giedružės kalnas (45 m). Bullwikscher Berg/Bulvikio kalnas (23 m), östlich davon der Flugplatz von Neringa.

KM 8,5/42,5
Bullwikscher Haken/Bulvikio ragas. Früher mit 4 km die breiteste Stelle der Nehrung, heute nur noch 3,6 km. Entstehung durch eine ins Haff gewehte Düne.

KM 9,0/42,0
Bullwiksche Bucht/Bulvikio įlanka, auch als »Bullenwinkel« bekannt.

KM 10,5/40,5
Wetzekrugsberg/Vecekrugo kopa, mit 67 m die höchste Erhebung der Nehrung. Das kurische Wort »wäza krogh« bedeutet »alter Krugberg«. Großer Preilscher Haken/Didysis Preilos ragas.

KM 11,0/40,0
Große Preilsche Bucht/Didžioji Preilos įlanka.

KM 11,5/39,5
Kleiner Preilscher Haken/Mažasis Preilos ragas.

KM 12,0/39,0
Preilscher Berg/Preilos kalnas (53 m).

KM 12,3/38,7
Kleine Preilsche Bucht/Mažoji Preilos įlanka.

KM 12,7/38,3
Preil/Preila. Entfernung 2,5 km. Bushaltestelle an der Nehrungsstraße und im Ort. Seeseite: Parkplatz. Die Gegend nördlich von Preil war früher aufgrund der Erlenmoore und Sümpfe außergewöhnlich reich an Elchen.

KM 14,0/37,0 bis 15,2/35,8
Letzte Dorfstelle von Karwaiten/Karvaičiai (1509/1797) südlich des Ziegenhakens/Ožkų ragas. – Karwaitenscher Berg/Karvaičių kalnas (59 m). – Älteste Dorfstelle von Karwaiten/Karvaičiai in der Karwaitenschen Bucht/Karvaičių įlanka (bis Anfang des 18. Jh.).

KM 14,2/36,8 bis 14,7/36,3
Elchbruch rechts der Straße.

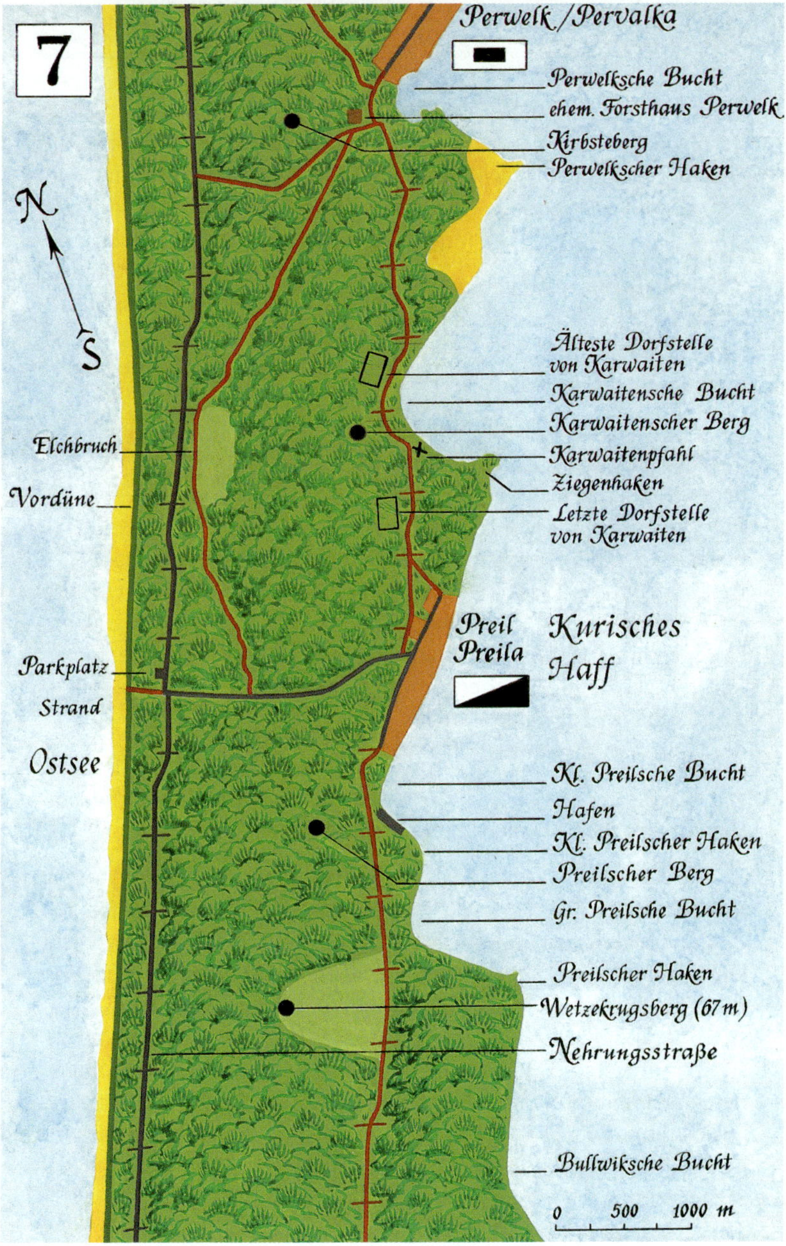

Nehrungsstraße KM *8,5/42,5 bis* KM *18,0/33,0*

KM 16,7/34,3
Straße zum ehemaligen Forsthaus Perwelk. Perwelkscher Haken/Pervalkos ragas.

KM 17,1/33,9
Kirbsteberg/Skirpsto kalnas (52 m). Försterei Perwelk in der Perwelkschen Bucht/Pervalkos įlanka.

KM 18,0/33,0
Perwelk/Pervalka. Zufahrt auf dem ehemaligen Fischerweg (2,5 km). Bushaltestelle an der Nehrungsstraße und im Ort. Parkplatz an der Nehrungsstraße. - Pferdehaken/Arklių ragas. Dort vermutet man den alten »sirga rags« des Deutschen Ordens, eine Pferdeweide. Breite der Nehrung: 3,4 km.

KM 19,6/31,4
Birschtwinscher Haken/Birstvyno ragas.

KM 20,0/31,0
Beginn des **vierten, nördlichen Dünengebiets** am Negelnschen Berg/Naglių kalnas (53 m), das sich bis südlich Schwarzort/Juodkrantė erstreckt. Das Dünengebiet heißt litauisch »Negyvosios kopos« bzw. »Piramidinės kopos« (Pyramidendünen). Siehe Seite 145.

KM 20,3/30,7
Letzte Dorfstelle Neu-Negeln/Nagliai (1740/1836) an der Negelnschen Bucht/Agilos įlanka gelegen, verweht vom Negelnschen Berg/Naglių kalnas (53 m). Seeseite: Dort stellt die Vogelwarte Windenburg/Ventė im Frühjahr und Herbst Vogelfangnetze auf.

KM 20,9/30,1
Lidomhaken/Lydumo ragas.

KM 22,3/28,7
Wingkap/Vinkopės kalnas (51 m). In der Libisbucht/Libio įlanka, nördlich vom Wingkap: dritte Dorflage von Negeln (um 1730).

KM 25,5/25,5
Südlich Negelnscher Haken: zweite Dorflage von Negeln (nach 1675).

KM 26,2/24,8
Negelnscher Haken/Agilos ragas. Zwischen dem Negelnschen Haken und dem Schafenberg ereignete sich am 5. Juni 1922 der »Schwarzorter Dünensturz«: Ein 50 m hoher Dünenhang krachte ins Haff, der Donner war bis Nidden und Schwarzort zu hören.

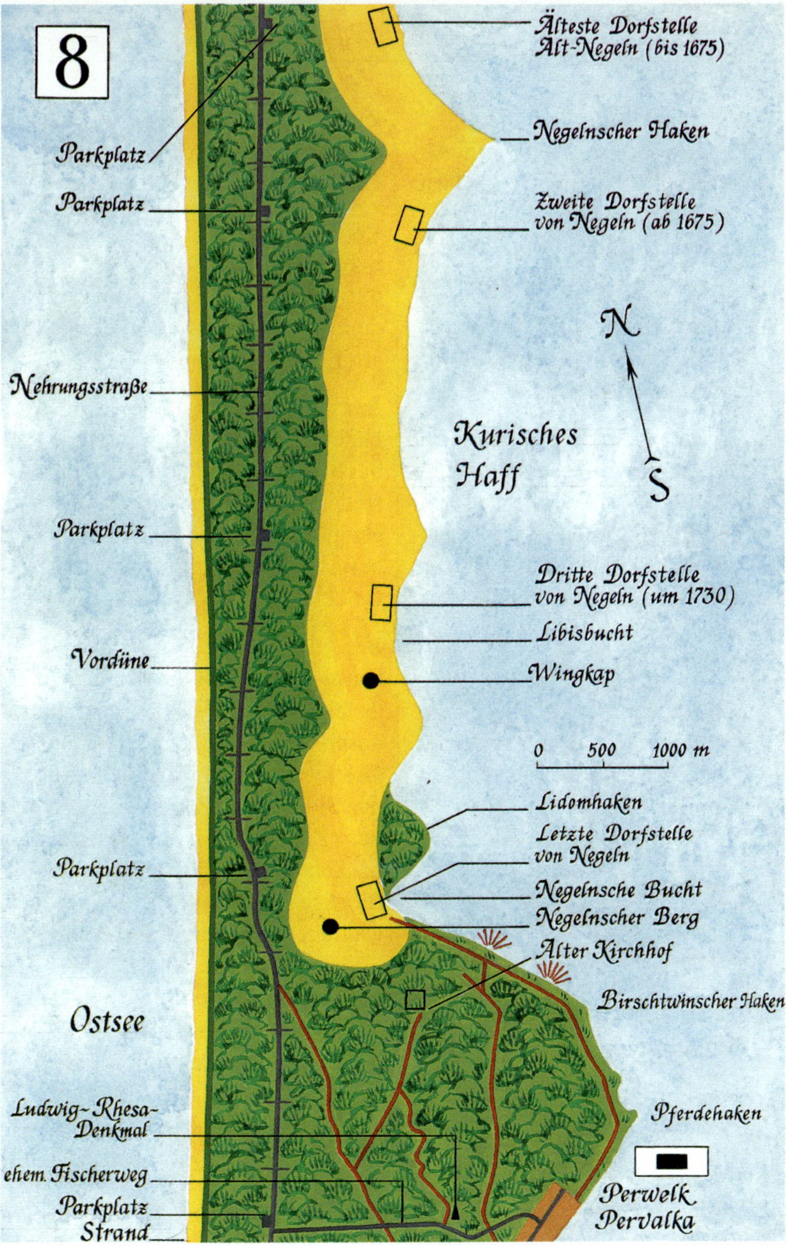

Nehrungsstraße KM *18,0/33,0 bis* KM *27,0/24,0*

KM 26,8/24,2
Die älteste Dorfstelle von Alt-Negeln (1447/1675; kurisch: Aigella, litauisch: Senoji Agila, Senieji Nagliai). 1860 wurden Reste Alt-Negelns freigeweht.

KM 28,5/22,5
Schafenberg/Avių kalnas (38 m) mit Aussichtsplattform.

KM 28,0/23,0 bis 29,5/21,5
Die nach der Jahrhundertwende gebaute Nehrungsstraße umläuft die links der Straße liegenden Reiherberge. Links Abfahrt zum Strand, dort Parkplatz. - Schafenbergscher Haken/Avikalnio ragas.

KM 30,0/21,0
Reiherberge/Garnių (Geišiu) kalnas (45 m). - Schafenbergsche Bucht/Avkalnio įlanka.

KM 31,3/19,7
Schwarzort/Juodkrantė, Ortsteil **Karwaiten/Karvaiciai.** Links führt der Karwaitenweg/Karvaičių kelias zum nördlichen Reiherberg/Garnių kalnas und zum Strand.

KM 31,5/19,5
Kirche und Hotel Ąžuolynas.

KM 32,0/19,0
Märchenweg auf der Blonden Eva, heute Hexenberg/Raganų kalnas. Die Blonde Eva ist Teil des Eva-Bergs/Ievos kalnas. Parkplatz links der Straße.

KM 33,0/18,0
Schwarzort/Juodkrantė, Ortsmitte mit dem Villenviertel und dem Friedhof. Bushaltestelle am Landungssteg.

KM 34,0/17,0
Hafen/Uostas an der Bernsteinbucht/Gintaro įlanka. Bushaltestelle. Links führt der Juliusgang/Juliaus takas zum Blocksberg, rechts stand früher die Grickinn-Linde/Griekų liepa.

KM 34,3/16,7
Links die Grickinn-Schlucht/Griekų dauba, westlich daran anschließend die Grickinn/Griekynė (47 m) im Süden und der Blocksberg/Raganos kalnas oder Lapnugaris kalnas (Fuchsnacken, 48 m) im Norden. Am Blocksberg beginnt das Seewäldchen, das nach 1830 angepflanzt wurde. In der Nähe des Blocksbergs wurde 1850/60 der Schwarzorter Wald mit mächtigen, jahrhundertealten Eichen verweht. Diese Gegend wird »tote Düne« genannt. - Grikkinnbucht/Griekynės įlanka.

KM 34,7/16,3 bis 49,5/1,5
Beginn des Mittelwegs und des

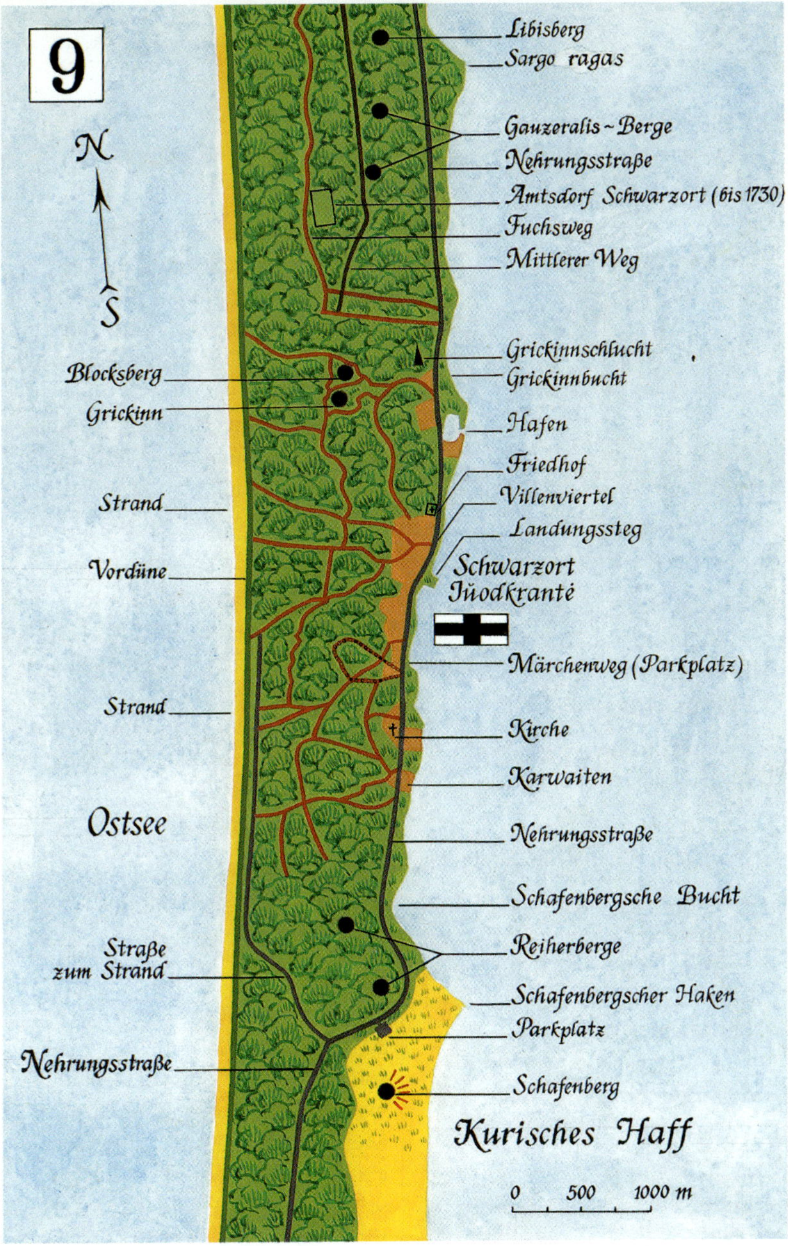

Nehrungsstraße KM *27,0/24,0 bis* KM *37,0/14,0*

Fuchswegs, zwei Forst- und Wanderwege aus deutscher Zeit.

KM 35,5/15,5
Das ehemalige Amtsdorf Schwarzort (»Schwarze Uote«, 1429/1730).

KM 35,8/15,2 bis 36,3/14,7
Gauzeralis Berge/Gaučiaralio kalnas.

KM 36,5/14,5
Sargo ragas (Wächterhaken).

KM 37,0/14,0
Libisberg/Lybio kopa (43 m).

KM 37,5/13,5 bis 38,8/12,2
Eumberge/Eumo kalnai, ein Höhenzug mit vier Erhebungen (33 bis 42 m).

KM 38,3/12,7
Budžio ragas.

KM 39,3/11,9
Budnische Bucht/Budžio įlanka.

KM 40,1/10,9
Rechts die ehemalige Barackensiedlung Liebestal/Meilės slėnies. Nach dem Deutsch-Französischen Krieg 1870/71 lebten dort Kriegsgefangene, die bei der Dünenbepflanzung eingesetzt wurden.

KM 40,9/10,1
Budnischer Haken/Budnio ragas.

KM 42,0/9,0
Biesenbucht/Vežių įlanka.

KM 42,5/8,5
Denkmal/Paminklas Neringos išvaduotojams, das an die schweren Kämpfe auf der Nehrung 1945 erinnert. Das 1967 aufgestellte Denkmal besteht aus einem behauenen 30-Tonnen-Stein vom Haffgrund und zeigt das Gesicht eines trauernden Menschen.

KM 43,0/8,0
Alksnynė, die Kontrollstelle des litauischen Nationalparks Kurische Nehrung (s. Abb. S. 114). Dort befand sich das ehemalige Dünenaufsehergehöft Erlenhorst (Ellernhorst). Besucher aus Richtung Memel/Klaipėda haben eine Nehrungsgebühr zu entrichten. Parkplatz.

KM 43,3/7,7
Alsminshaken/Alksnių ragas oder Alsmino ragas.

KM 44,0/7,0
In Höhe der ehemaligen Alsminsbucht/Alksnių įlanka schwenkt die Straße nach Nordwest in Richtung Bärenkopf/Meškos galva (14 m). Dort das ehemalige Gehöft Bärenschlucht/Meškų dauba von 1892, eine Siedlung für Arbei-

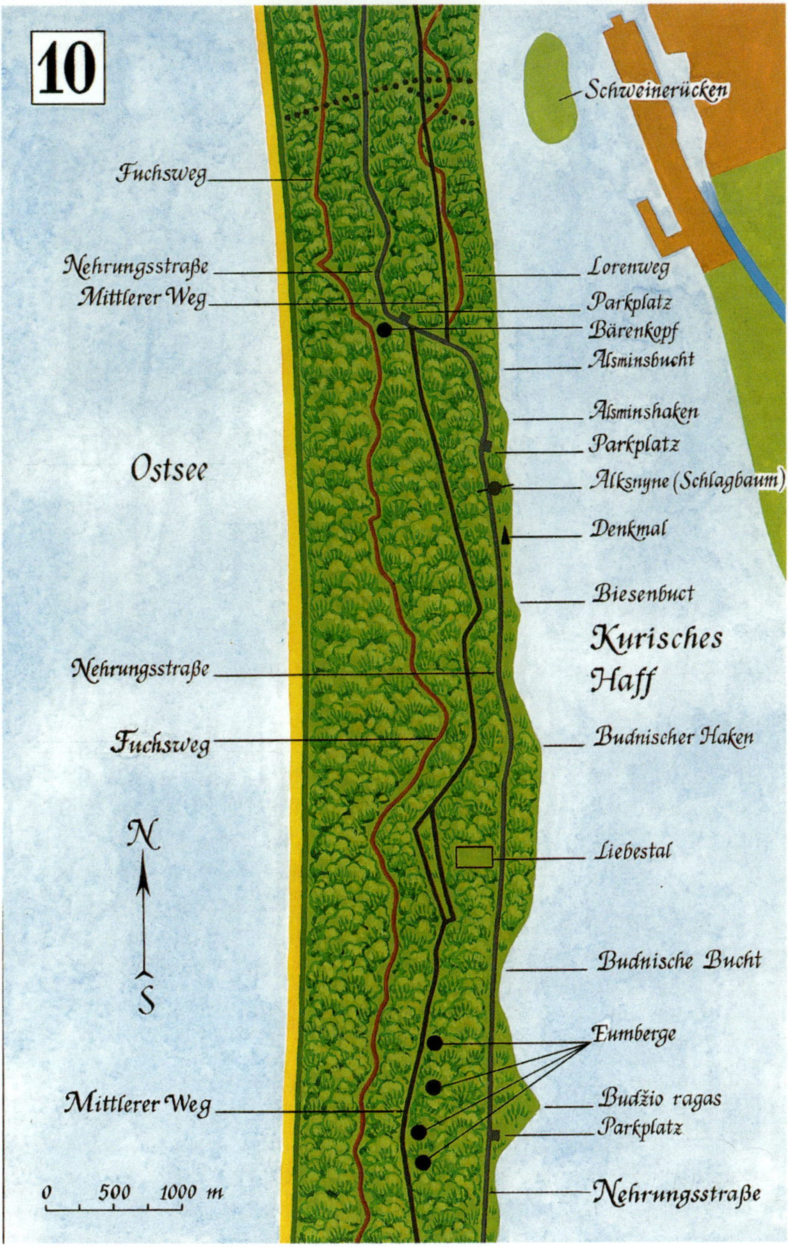

Nehrungsstraße KM *37,0/14,0 bis* KM *47,0/4,0*

Alksnynė, die Kontrollstelle des litauischen Nationalparks Kurische Nehrung

ter, die bei der Dünenbepflanzung eingesetzt waren.

KM 45,5/5,5 bis 46,5/4,5
Parallel zum Haffufer verläuft der Schweinerücken/Kiaulės nugara, die flachste Stelle des Kurischen Haffs, eine sumpfige Insel. Sie wird heute als Brükkenkopf für die Stromversorgung des litauischen Teils der Nehrung genutzt. Noch immer dient sie Schwimmvögeln als Rastplatz. Gegenüber liegt der ehemalige Holzhafen bei Schmelz/Smeltė, der 1986 als Anlegestelle der Eisenbahnfähre Mukran-Klaipėda eröffnet wurde. Heute legt dort die Fähre Kiel-Memel an. Bei km 46,0 rechts ein beschrankter Weg, der zu einem Aussichtspunkt gegenüber dem Schweinerücken und dem Holzhafen führt.

KM 47,5/3,5
Neringos kalnas, der Nehrungsberg (31 m). Zu deutscher Zeit war diese Düne ohne Namen. Große Hirschwiese.

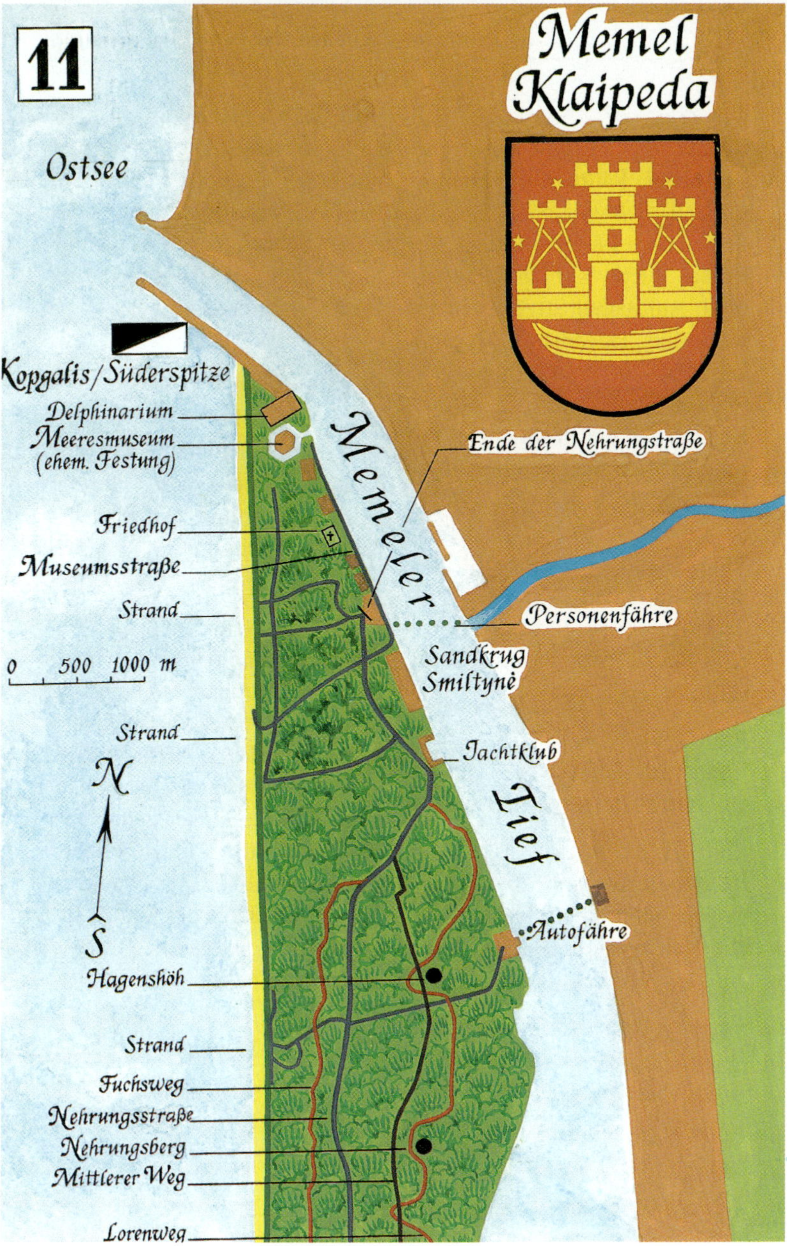

Nehrungsstraße KM *47,0/4,0 bis* KM *51,0/0*

KM 48,0/3,0
Rechts die **Verbindungsstraße zur neuen Fähre nach Memel**, Ortsteil Schmelz/Smeltė. Mit der neuen Fähre werden die Busse nach Kaunas übergesetzt. Auf halber Strecke erhebt sich links Hagenshöh/Hageno kopa (36 m) mit einem granitenen Gedenkstein für Baurat Hagen, der die nördliche Nehrung bepflanzte. Die ehemalige Düne, 1881 bis 1900 festgelegt, ist immer noch ein beliebter Aussichtspunkt. Die Straße kreuzt dort den Lorenweg und den Mittelweg. - Links führt eine Straße zum Strand. Gaststätte.

KM 48,9/2,1
Ende des Fuchswegs (links) und des Mittelwegs (rechts).

KM 49,5/1,5
Rechts Beginn der etwa 7 km langen alten Bahntrasse, die über Hagenshöh/Hageno kopa bis zum Bärenkopf/Meškos galva verläuft. Die Bahn war nach 1891 angelegt worden, um bei der Dünenbewaldung benötigten Schlick aus dem Memeler Hafen zu transportieren. Heute Wanderweg.

KM 49,9/1,1
Der Hafen des Klaipeder Jachtklubs (gegründet 1926) befindet sich am ehemaligen Waldhaus. Klubhaus für Segler, Gartencafé. Dort befand sich 1804 bis 1862 der Sandkrug.

KM 51/0
Ende der Nehrungsstraße bei **Sandkrug/Smiltynė,** wo noch im 19. Jahrhundert die Nehrung endete. Dort befindet sich der **alte Fähranleger nach Memel,** Altstadt. Endstation der Buslinien. Kioske, Sitzgelegenheiten, Parkplätze usw. In nördlicher Richtung schließen sich einige Museen an. Lage des Sandkrugs bis 1804.

NIDDEN/Nida

(Einwohner: 1939 - 847, 1992 - ca. 2400)

Um die Jahrhundertwende war Nidden ein verträumtes, kleines Nehrungsdorf, das nur wenige kannten. Den Besuchern offenbarte sich Nidden und Umgebung erst nach und nach als Inbegriff der Nehrung. Unter den ersten, die da genauer hinsahen, waren nicht wenige Kunstmaler, denen dieses Paradies eine Fülle von Motiven bot. Im Laufe der Jahre kamen sie in immer größerer Zahl und gruppierten sich allmählich zur Niddener Künstlerkolonie. Viele wohnten bei Hermann Blode, dem Gastwirt und Mäzen, andere quartierten sich bei den Fischern ein. Und als sich Prominente einstellten - Thomas Mann, Gret Palucca und Carl Zuckmayer, Bernhard Minetti, Max Pechstein und Heinz Rühmann -, wurde Nidden zu einem Mythos. Gleichwohl blieb sich das Ostseebad Nidden immer treu - ein kleines Fischerdorf auf der Kurischen Nehrung.

In den letzten Jahrzehnten hat Nidden, heute Nida genannt, eine starke Wandlung durchgemacht. Beträchtliche Geldmittel wurden in den Aufbau des Fremdenverkehrs investiert. Viele sahen das Dorf als mustergültigen Erholungsort in der ehemaligen Sowjetrepublik Litauen. Kritiker sprechen heute nicht ganz zu Unrecht von Massentourismus, bemängeln die zum Teil recht klotzigen Bauten und weisen auf die Beeinträchtigungen der labilen ökologischen Situation der Nehrung und des Haffs hin. Sogar einen Flugplatz hat man angelegt. Erst in den letzten Jahren besann man sich eines Besseren und rettete, was noch zu retten war.

Wie dem auch sei, wer aus Richtung Königsberg/Kaliningrad nach Nida fährt, ist überrascht, in welch gutem Zustand die Straßen sind, wie gepflegt Häuser und Gärten aussehen. Gebürtige Niddener hingegen erkennen ihr Heimatdorf nicht wieder. Das Fischerdorf Nidden hat sich zum Fremdenverkehrsort Nida gewandelt.

Blick auf Nidden/Nida

Geschichte

In den Wegbeschreibungen des Deutschen Ordens wird erstmals 1385 ein Ort »Noyken« oder »Nyden« genannt. In das Jahr 1437 fällt die Erwähnung eines »Krugs auf der Grabs« - etwa dort, wo sich die Nehrungsstraße gabelt. Wenig ist über dieses Alt-Nidden bekannt: 1569 erwähnen die Annalen die Zugehörigkeit Niddens zur Kirche (Alt-)Karwaiten. Um 1510 und 1711 starben fast alle Bewohner an der Pest. Etwa 1673/76 drohte der Ort zu versanden und mußte später rund 500 Meter nach Norden verlegt werden. (1931 fand man rund 300 Meter nördlich der Grenze Reste des alten Kirchhofs, des sogenannten Pestfriedhofs.) In den Jahren nach 1732, als eine Wanderdüne erneut den Ort bedrohte, bauten die Fischer ihre Häuser 3,5 Kilometer weiter nordöstlich wieder auf, etwa beim Hauptdorf. Sicher war die neue Lage keineswegs. 1825 bezweifelte ein Reisender, ob das Dorf angesichts der aus Südwesten vorrückenden Wanderdüne zu halten sei. Schon damals unternahm Postmeister Gottlieb David Kuwert energische Maßnahmen, um die Düne zu bepflanzen, die seine Poststation bedrohte. Am 8./9. Januar 1807 übernachtete Königin Luise auf der

Flucht vor Napoleon im Dorf. In die Fensterscheibe des Krugs soll die schwerkranke Königin mit ihrem Diamantring den Spruch geritzt haben: »Wer nie sein Brot mit Tränen aß«, die erste Zeile des Harfner-Liedes aus Goethes Roman »Wilhelm Meisters Lehrjahre«. 1830 ließen sich fünf Familien aus Negeln im Norden Niddens nieder, ihre kleine Siedlung erhielt den Scherznamen Purwin (Schmutzdorf). 1849 lebten in Nidden und Purwin 407 Seelen. Um die Mitte des Jahrhunderts stieg Nidden zum dritten Kirchspiel der Nehrung auf. 1869 vernichtete eine Feuersbrunst fast alle Häuser mit Ausnahme der Kirche und der Schule. 1874 wurde der achteckige Leuchtturm gebaut, der Schiffen auf See und Haff den Weg wies. 1885/86 legte man einen kleinen Fischereihafen an, der kurz nach der Jahrhundertwende weiter ausgebaut und befestigt wurde. 1895 zählte Nidden 701 Einwohner, zum größten Teil Kuren. Nidden war das größte Dorf der Nehrung geworden.

Ortsbeschreibung

Nidden besteht aus drei Siedlungen: dem alten Dorf ***Nidden, Skrusdin*** und dem zuletzt gegründeten ***Purwin.*** Später unterschied man vier Ortsteile: Haken (am Hafen), Hauptdorf (vom Hotel »Königin Luise«, heute Juratė, bis zur Kirche), Skrusdin (mit dem Gasthof Hermann Blode und dem Haus Thomas Manns) und Purwin im Norden. Diese Ortsteile wurden - wie in Schwarzort - zwischen den Dünensenken angelegt. Vier Sandberge zählt man in Nidden: im Süden die Hohe Düne, den Urbo kalnas (Bärenberg) westlich des Hauptdorfs, den Angių kalnas (Schlangenberg) bei Skrusdin und den Purwinschen Berg. Bis heute sind die vier Ortsteile deutlich erkennbar.

Von den vier Ortsteilen hat sich der ***Haken,*** das heutige Zentrum, am stärksten gewandelt, vor allem wurde die Siedlung nach Westen raumgreifend erweitert.

Hauptstraße ist die Taikos gatvė, die ehemalige Dorfstraße. Im Süden, sozusagen in Alt-Haken, schließen sich die wohl schönsten Straßen Niddens dieses Ortsteils an. In der Naglių gatvė (ehemals Am Haken) und Kopų gatvė (ehemals Dünenweg) ste-

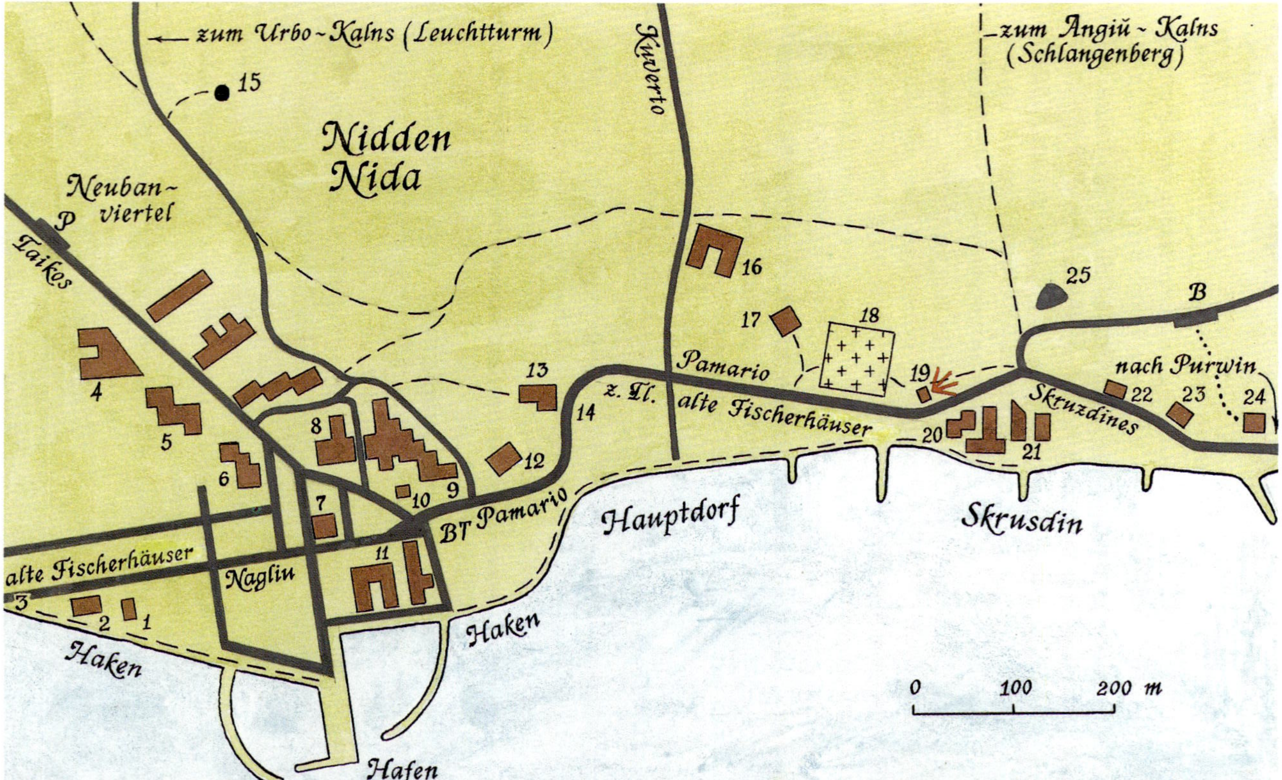
zum Urbo-Kalns (Leuchtturm)
zum Angiū-Kalns (Schlangenberg)
Kuverto
Nidden
Nida
Neuban-viertel
P
Taikos
B
nach Purwin
Pamario
z. Tl. alte Fischerhäuser
Skruzdines
BT Pamario
alte Fischerhäuser
Naglin
Hauptdorf
Skrusdin
Haken
Haken
Hafen
0
100
200 m
1
2
3
4
5
6
7
8
9
10
11
12
13
14
15
16
17
18
19
20
21
22
23
24
25

hen noch über zwanzig alte, leider nicht mehr vollständig erhaltene Fischerhäuser. In einem strohgedeckten Doppelhaus ist das neue Fischermuseum eingerichtet worden. Anschrift: Am Haken/ Naglių gatvė 4, geöffnet mittwochs bis sonntags 11 bis 19 Uhr.

Im ehemaligen ***Hauptdorf*** befanden sich früher das Hotel *Nordische Linnaea,* das Hotel *Kurischer Elch* und das Hotel *Königin Luise,* heute Hotel *Jūratė* genannt, das auf dem Gelände des alten Niddener Krugs steht, in dem Königin Luise 1807 übernachtete. Die schönsten Orte im Hauptdorf sind ohne Zweifel die 1992 restaurierte Kirche und der Friedhof.

Skrusdin nördlich des Hauptdorfs kann den Besucher immer noch entzücken, obwohl sich hier vieles gewandelt hat. Entdeckungen sind freilich immer noch möglich: etwa die Villa Helene des Blode-Hofs oder das Thomas-Mann-Haus. Alte Linden und Birken säumen wie früher die Dorfstraße.

Purwin, der kleinste Ortsteil Niddens, schließt sich im Norden an. Die wenigen übriggebliebenen Fischerhäuser am Haffufer stehen ein wenig abseits. Das Haus des Malers Birnstengel ist erhalten. Dominierend das neue Hotel *Skalva.*

Kirche und Friedhof

Nidden verdankt seine heutige ***Kirche*** Pfarrer Karl Gustav Echternach, der Ende des letzten Jahrhunderts im ganzen Reich um Spenden nachfragte. *»Das Haff ist ihr Acker, der Kahn ihr Pflug«,* so schilderte der wortgewaltige Mann Gottes in seinen Bittbriefen das Leben der Fischer ohne Kirche. 1887/88 konnte die kleine Backsteinkirche im Ordensstil auf einer bewaldeten Düne über dem Dorf erbaut werden.

Ortsplan von Nidden/Nida

1. Fischermuseum; 2. Fischrestaurant Eserine; 3. Bootsverleih; 4. Post; 5. Poliklinik; 6. Bank, Polizei; 7. Rathaus; 8. Kulturhaus, Kino Agila; 9. Kaufhaus Gilija; 10. ehem. Jugendherberge, heute Souvenirs, Zimmervermittlung; 11. Fischfabrik, Fischräucherei; 12. Restaurant Nida; 13. Hotel Jūratė; 14. Skulptur; 15. Militärstation; 16. Schule; 17. Kirche; 18. Kirchhof; 19. ehem. Haus des Malers Paul Isenfels am Blodeberg (schöne Aussicht); 20. ehem. Gasthof Hermann Blode; 21. Villa Helene; 22. Kuwert-Haus; 23. Haus von Karl Knauf; 24. Thomas-Mann-Haus am Schwiegermutterberg; 25. Freilichtbühne. B - Bushaltestelle; T - Taxiplatz; P - Parkplatz.

1959 fand der letzte Gottesdienst in der Kirche statt, danach wurde der Bau geplündert und zeitweise als Nehrungsmuseum genutzt. Erst Weihnachten 1988 kehrte wieder kirchliches Leben ein. Anfang der 90er Jahre ermöglichte Maja Ehlermann-Mollenhauer, die Tochter des Künstlers Ernst Mollenhauer, die sorgfältige Restaurierung der Kirche. Der Altarraum wurde im »Niddener Blau« ausgemalt. Wie früher steht auf dem Bogen zum Altarraum wieder der Vers aus der Bergpredigt geschrieben: »Selig sind, die reinen Herzens sind, denn sie werden Gott schauen.« Der zu dieser Zeit in Schwarzort lebende Bildhauer Rudolfas Gindulis schnitzte Kanzel und Altartisch nach einer alten Vorlage, die in Nidden geborene Malerin Erika Freyer-Henkel malte das alte Altarbild mit dem sinkenden Petrus im Stil der Nazarener nach, Kirchenbänke wurden in Kaunas angefertigt. Neben der Kanzel fand das schwere Kreuz vom Grab Johannes Kypkes, 1929/34 Pfarrer in Nidden, seinen Platz. 1993 erhielt die Kirche auch einen neuen Taufstein. Aber

Innenansicht der Niddener Kirche

Aufstieg zur Kirche in Nidden

nicht alles mußte erneuert werden: Die alte Empore, die Holzdecke und einige Bänke waren erhalten geblieben. Am 20. September 1992 war es soweit: Etwa hundert ehemalige Bewohner nahmen in einem feierlichen Gottesdienst - der litauische evangelische Bischof und sieben Pfarrer waren anwesend - an der Wiedereinweihung der Kirche teil.

Die alte Fischerkirche ist seit 1992 wieder im Besitz der evangelischen Gemeinde Niddens, steht aber auch den katholischen Gläubigen offen. In einer Seitentür ist ein Beichtstuhl eingerichtet, eine Marienfigur steht links neben dem Altarraum, Tafeln mit den Stationen des Kreuzweges sind unter der Empore angebracht.

Evangelischer und katholischer Gottesdienst finden sonntags statt. Die Zeiten sind an der Kirchentür angeschlagen. Die Geistlichen reisen von auswärts an.

Neben der Kirche liegt der ***alte Niddener Friedhof.*** Er steht unter Denkmalschutz. Die Maler der ehemaligen Künstlerkolonie haben die alte Grabstätte immer wieder gern gemalt, vor allem wurde Lovis Corinths Friedhofsgemälde weithin bekannt. Wer die recht gepflegten Grabreihen entlanggeht, liest die altbekannten Namen der Fischerfamilien Niddens: Sakuth und Froese, Pietsch und Gulbis. Prominentestes Grab ist das des Gastronomen und »Künstlervaters« Hermann Blode, der 1934 verstarb. Der stattliche Eichenstamm auf seinem Grab wurde vor einigen Jahren restauriert. Ein anderes Grabmal gedenkt der Fischer Johann und Martin Sakuth, die am 13. November 1930 in einem Sturm ertranken.

In einem Teil des Friedhofs hat man bereits verwitterte, grüngrau schimmernde Kurengrabbretter aufgestellt. Sie sind der Gestalt der Kröte nachgebildet, die in heidnischer Zeit als heilig galt. Bei einem Begräbnis trugen die Kuren das Grabbrett vor dem Sarg des Verstorbenen durch das Dorf. Mit dem Gesicht nach Osten wurden die verstorbenen Fischer auf dem Kirchhof begraben.

Bei den aufgestellten Grabbrettern handelt es sich ohne Ausnahme um Nachbildungen, die der Künstler Eduard Jonušas angefertigt hat. Die meisten der Originale sind verwittert, einige wenige befinden sich im Besitz der Kirchengemeinde bzw. werden im Museum von Vilnius und anderen Sammlungen aufbewahrt.

Der alte Niddener Friedhof mit den typischen Kurenbrettern

Grab des Gastronomen und »Künstlervaters« Hermann Blode in Form eines stattlichen Eichenstammes

Kuwert-Friedhof

An der Kreuzung Nehrungsstraße-Seestraße / Kuverto gatvė befindet sich ein kleiner ***Waldfriedhof,*** auf dem ***Gottlieb David Kuwert*** (1743/1827), Postmeister von Nidden, und sein Sohn Georg David begraben liegen. Im Jahre 1825 begann Gottlieb David Kuwert mit der Anlage der Niddener Plantage südlich des (später erbauten) Hotels Königin Luise, um seine von Versandung bedrohte Poststation zu retten. Der Pionier der Niddener Dünenbepflanzung, der in der Plantage hinter dem ehemaligen Dünenwärterhaus begraben wurde, konnte beweisen, daß gegen die Gewalt der Wanderdünen sehr wohl etwas auszurichten war. Sein Sohn, Postverwalter auf dem Festland, fand 1856 neben seinem Vater die letzte Ruhestätte. Kuwerts Grabmal ließen die Bewohner Niddens 1864 in der Königsberger Gießerei Hein anfertigen. Die Benennung der Seestraße in »G. D. Kuverto gatvė« geht auf dieses Grabmal zurück. Eines der Häuser Kuwerts ist erhalten: Skruzdynės gatvė 11, in der Nähe des Thomas-Mann-Hauses.

Das Thomas-Mann-Haus auf dem Schwiegermutterberg

Thomas-Mann-Haus

Im Jahre 1929 machte Thomas Mann mit seiner Familie Urlaub in Rauschen. Des Badeortes an der samländischen Küste überdrüssig geworden, unternahmen die Manns einen Ausflug auf die Kurische Nehrung nach Nidden »... und waren von der unbeschreiblichen Eigenart und Schönheit dieser Natur, der phantastischen Welt der Wanderdünen, den von Elchen bewohnten Kiefern- und Birkenwäldern zwischen Haff und Ostsee, der wilden Großartigkeit des Strandes so ergriffen, daß wir beschlossen, uns an so entlegener Stelle einen festen Wohnsitz zu schaffen.« Ein Jahr später stand das strohgedeckte Häuschen auf dem »Schwiegermutterberg« fix und fertig da, »nur Holz und Schleiflack«, wie Mann seinen Rotarier-Freunden in München erzählte. In diesem Domizil schrieb Thomas Mann an dem großen Roman »Joseph und seine Brüder«, verfaßte die Rede »An die Jugend«, führte sein Niddener Tagebuch (nicht erhalten) und verfaßte 1932, ein Jahr vor der Machtergreifung der Nazis, den politischen Aufsatz »Was wir verlangen müs-

Auf dem Weg zum Thomas-Mann-Haus: Rasch noch einmal das Angebot an Bernsteinketten geprüft ...

sen«. Drei heitere Sommer verbrachte die Familie Mann in Nidden. 1933 war der Traum mit einem Schlag vorbei: Als Emigrant konnte sich Thomas Mann nicht entschließen, sein geliebtes Nidden wieder zu besuchen.

In dem zweigeschossigen Holzhaus mit Veranda wurde ein kleines Thomas-Mann-Museum unter Leitung der Universität Klaipėda eingerichtet. Unten finden Besucher Werke Thomas Manns, Zeitungen und Zeitschriften, eine Fotosammlung »Thomas Mann unter Lübecks Himmel« sowie einen Plan mit der Zimmeraufteilung. Thomas Manns Arbeitszimmer lag im Obergeschoß mit Blick auf das Haff, daneben befand sich sein Schlafzimmer. Die beiden Räume sind heute zusammengelegt und bergen Werkausgaben, eine Büste des Nobelpreisträgers sowie wissenschaftliche Literatur. Im oberen Stockwerk sind Studienräume eingerichtet. Wie der Leiter des Museums berichtet, soll im Haus ein Thomas-Mann-Kulturzentrum aufgebaut werden. Vormerken sollte man sich bei einem Besuch Niddens den 6. Juni: An Thomas Manns Geburtstag finden gelegentlich besondere Veranstaltungen statt.

Dorfstraße/Skruzdynės gatvė 17, Tel. 52260, geöffnet dienstags bis sonntags 11 bis 19 Uhr.

Nidden, wie es einmal war

Im alten Nidden war nur das Haffufer bewohnt, im Vergleich zu heute also ein recht schmaler Streifen. Vom heutigen Restaurant »Nida« bis zum Vergnügungszentrum »Agila« erstreckte sich Wald, das Gelände der Fischräucherei am Hafen war Wiese. Asphaltwege oder betonierte Straßen gab es nicht.

Am Haken und in Skrusdin stehen noch recht viele Fischerhäuser, die einen Eindruck vermitteln können, wie das alte Nidden einst ausgesehen hat. Doch man muß genau hinsehen, denn keines der Häuser ist in einem Zustand, den man »original« nennen könnte. Schilder mit meist nicht zutreffenden Altersangaben lassen erkennen, daß die Häuser unter Denkmalschutz stehen. Sie sind einander sehr ähnlich und lassen sich nur an Kleinigkeiten unterscheiden, besonders an den Giebelfenstern.

Feriengäste füttern Schwäne am Haffufer in Nidden

Wie sah ein typisches Fischerhaus aus? Es hatte keinen Schornstein, denn in dem zum Teil offenen Dachstuhl räucherte der Fischer seine Netze. Die blieben dadurch haltbar, und der Rauch zog eben durch das Dach ab, was manche Unkundigen glauben ließ, das Haus stehe in hellen Flammen. Das Dach war stets mit Stroh oder Schilf gedeckt, oben am geschnitzten Giebel kreuzten sich die heidnischen Pferdeköpfe. Die Holzhäuser waren braun angestrichen, wozu die Fensterläden im Niddener Blau, einem Ultramarin, recht gut paßten. Der Grundriß war stets gleich: Ein Durchgang unterteilte die Häuser in gleiche Hälften. Auf dem kleinen Acker neben dem Haus wurden Kartoffeln angebaut, vorn im Garten blühten Sonnenblumen. Aus einem Ziehbrunnen holten die Bewohner ihr Wasser. Von diesen malerischen Brunnen mit Ziehstange ist kaum einer erhalten. Um das ganze Fischergehöft zog sich ein blumenumrankter, brauner Staketenzaun mit weiß bemalten Spitzen.

Wann immer es möglich war, errichteten die Fischer ihre Häuser direkt am Haffufer. Sie hatten nun einmal gern den Kahn nah beim Haus am Ufer liegen. Die Kähne reihten sich dicht an dicht am Haffufer, die Netze zum Trocknen am Mast hochgezogen. Schwarz und etwas urtümlich, wie sie aussahen, waren sie für das Haff bestens geeignet: schwer genug, um Netze schleppen zu können, mit hochgezogenem Bug und einem haffgängigen, flachen Boden. Man kann die Maler schon verstehen, deren beliebtestes Motiv die Kurenkähne in der Niddener Bucht waren. Von den schwarzgeteerten Keitel- oder Kurenkähnen wurden in Nidden einst 49 gezählt, etwa 100 gab es auf der Nehrung. Die Fischer aus der Sowjetunion, die nach dem Krieg den Fischfang auf dem Haff aufnahmen, kamen mit den schweren Kähnen nicht zurecht, ließen sie verfallen und setzten Motorboote ein. Die auf der Welt einzigartigen Kurenkähne wurden in den kalten Wintern nach dem Krieg verfeuert.

So tief religiös die Fischer auch waren, in einem Winkel ihrer Seele blieben sie doch Heiden. Hexerei und Aberglauben waren durchaus lebendig geblieben, die Kurenbretter auf den Friedhöfen zeigten die Form der als heilig verehrten Kröte. Wenn an Karfreitag oder Ostern die Lachse kamen, da gab es für sie kein Halten mehr, da ließen sie die Kirche Kirche sein. Und fast jeder von ihnen hatte seinen Sarg schon zu Lebzeiten in seinem Haus oder auf dem Kirchenboden stehen - zur Vorsorge, denn im Winter gab es kein Holz im Dorf.

An Johannis und im Juli rüsteten die Fischer zur Heuernte auf dem Festland (Wiesen gab es nur wenige in Nidden). Pferde und Mähmaschinen, Sensen und Proviant für acht bis zehn Tage - alles wurde auf die Kähne verladen. Man schlief unter freiem Himmel. Meterhoch mit Heu beladen, kehrten die Boote nach Nidden zurück. Auf den Wegen wurde es zum Trocknen ausgebreitet, das ganze Dorf duftete nach Heu.

Abbildungen Seite 130
oben: Fast wie früher: Niddener Fischerhaus mit Garten
unten: Garten mit blühenden Sonnenblumen

Die Künstlerkolonie 1900 bis 1945

Die Niddener Künstlerkolonie, das »Worpswede des Ostens«, war zu keiner Zeit eine feste Gruppe. Da gab es Einzelgänger und Gruppen, Individualisten und Cliquen, Professorenkollegen, berühmte Leute und unbekannte Größen. Sie hatten weder ein Programm noch ein Manifest und waren wohl nur vereint in der Überzeugung, daß Nidden der schönste Ort sei, um zu malen. Insgesamt waren es wohl über zweihundert Maler aus dem ganzen Reich, die im Laufe der Jahre nach Nidden kamen. Manche von ihnen reisten für vier Wochen an, andere kamen für ein halbes Jahr. Wer unter seinesgleichen sein wollte, der quartierte sich bei Gastwirt Hermann Blode ein, manche zogen ein Fischerhaus in Skrusdin oder Purwin vor, andere lernten die Stille von Pillkoppen oder Preil zu schätzen. Gemalt wurde meist mit einem starken Einschlag zum Expressionismus. Unumstrittener Mittelpunkt war der Gastwirt und Mäzen Hermann Blode, der für Künstler immer ein offenes Herz hatte: Wer die Rechnung nicht bezahlen konnte, der konnte Blode auch mal eins seiner Bilder in Zahlung geben. Jedenfalls hing die Veranda am Haffufer voll mit Gemälden, besonders die berühmte »Künstlerecke«.

Nach Blodes Tod 1934 wuchs sein Schwiegersohn, der Künstler Ernst Mollenhauer, wie selbstverständlich in dessen Rolle hinein. Mollenhauer war nach dem Ersten Weltkrieg nach Nidden gekommen und hatte sich als spätexpressionistischer Maler einen Namen gemacht. »Fünfundzwanzig gesegnete Malerjahre« verbrachte er auf der Nehrung.

Spaziergänge und Wanderungen

1. Zur Hohen Düne und zum Tal des Schweigens

Eine breite, asphaltierte Straße führt vom Pillkoppener Weg/Taikos gatvė auf den etwa fünfzig Meter hohen Parniddener Berg in der Nähe der Hohen Düne. Ein Parkplatz befindet sich unterhalb einer Aussichtsplattform. Genoß man früher recht naturnah den

Hohe Düne bei Nidden

Ausblick, muß man heute mit dieser betonierten Aussichtsplattform vorliebnehmen. Der eindrucksvolle Blick auf die riesigen Sandberge ist gleichwohl geblieben. Von dort (und vom Haff aus) kann der Besucher über einen befestigten, von Bänken gesäumten Fußweg nah an die Düne herangehen. Fachleute sagen, daß die Hohe Düne Jahr für Jahr um dreißig Zentimeter abgetragen werde. Den Steilabhang hinunterzugehen oder zu rutschen, ist nicht gestattet. Jenseits der Hohen Düne liegt das Tal des Schweigens, wo sich 1916 ein Lager für französische Kriegsgefangene befand. Jenseits des Tals, etwa vier Kilometer vom Ort entfernt, beginnt das Grenzgebiet.

Neben dem Pillkoppener Weg/Taikos gatvė verläuft ein alter Fußweg zur Hohen Düne. Er beginnt am Parkplatz südlich der Taikos gatve und führt zunächst - parallel zur Straße - durch ein Gebiet mit kleinen Krüppelkiefern (Kuschelkiefern). Wenn rechts der Leuchtturm auf dem Urbo kalnas gut zu sehen ist, biege man nach Süden (links) in Richtung Hohe Düne ab. Der Weg endet nach einigen hundert Metern auf dem Parniddener Berg.

2. Am Haffufer entlang Richtung Grabschter Haken

Einen halben Tag muß man schon einplanen für einen Fußmarsch am Haffufer entlang in Richtung Grabschter Haken: Der Weg ist länger als erwartet. Besonders beeindruckt der Steilabhang der Hohen Düne. Der Saum des gewaltigen Sandbergs besteht aus hochgepreßtem Haffmergel, ist zum Teil sumpfig und recht gut bewachsen. Man wähle gutes Schuhwerk und komme der Grenze nicht zu nah: Der Grabschter Haken ist russisches Gebiet!

3. Von der Kirche über Haus Isenfels zum Thomas-Mann-Haus

Anstelle der Dorfstraße/Pamario gatvė sollte man einmal über die bepflanzte Düne gehen. Der Spazierweg führt von der Dorfstraße hoch zur Kirche und über den Friedhof. (Siehe Kapitel »Kirche und Friedhof«.) Jenseits des Kirchhofs, wo heute ein Neubau steht, befand sich früher das Nehrungsmuseum von Nidden. Am Rand des Sandbergs, der hier »Blodeberg« heißt, führt ein Weg entlang, von dem sich Skrusdin gut überschauen läßt.

Rechts steht das stark veränderte Haus des Photographen Paul Isenfels, das mit seinem spitzen Dach wie ein Märchenhäuschen aussieht. Wenige Schritte weiter öffnet sich ein schöner Ausblick auf den ehemaligen Gasthof Hermann Blode, bis 1945 eines der bekanntesten Hotels in Deutschland. Von dem großen, aus sieben Häusern bestehenden Anwesen sind nur der Südflügel, eine Hälfte des backsteinernen Stalls und die Villa Helene (erbaut 1907) erhalten. Das Haupthaus mit den Terrassen, wo die Bildersammlung hing, und der berühmten Künstlerecke wurde 1972 abgerissen und durch einen Neubau ersetzt. Die Bildersammlung ist vollständig zerstört worden. Im baulich veränderten Südflügel hatte Thomas Mann 1929 im Erdgeschoß auf der Haffseite ein Zimmer bezogen.

Im Ortsteil Skrusdin (deutsch: Ameisendorf) sind noch einige alte Fischerhäuser zu finden, die wegen ihrer harmonischen, wenn auch nicht immer originalgetreuen Farben angenehm auffallen. Vor den Grundstücken an der Haffseite reihte sich früher Kahn an Kahn. Von der Dorfstraße führt linker Hand ein steiler Weg zum

oben: Niddener Romantik: Das ehemalige Haus des Photographen Paul Isenfels
unten: Der ehemalige Gasthof Hermann Blode: Ganz rechts im Erdgeschoß wohnte Thomas Mann bei seinem ersten Besuch in Nidden

oben: Skrusdin, altes Fischerhaus
unten: Haus des Malers Knauf

»Schwiegermutterberg« mit dem Thomas-Mann-Haus hoch. (Siehe Kapitel »Thomas-Mann-Haus«.) Auf dem Weg zum Museum passiert der Besucher das Haus des Malers Knauf. Der vielgerühmte »Italienblick« hinter dem Thomas-Mann-Haus Richtung Purwin ist heute ganz verändert. Jenseits von Purwin erstreckt sich der Bullwiksche Haken.

4. Zum Leuchtturm auf dem Urbo kalnas, dem Bärenberg

Auch auf den oberhalb des Dorfes gelegenen Urbo kalnas (Bärenberg, 51 Meter hoch) mit dem Leuchtturm läßt sich ein schöner Spaziergang unternehmen. Der rotweiß gestrichene Turm, das Wahrzeichen Niddens, ist ein Neubau aus jüngerer Zeit. Er ersetzte den alten, achteckigen Leuchtturm, der 1874 nach der Stillegung der Wanderdüne errichtet worden war. Der Leuchtturmwärter schließt gelegentlich gern das Tor zum Treppenaufgang auf.

5. Auf den Angių kalnas, den Schlangenberg

Zum Angių kalnas (Schlangenberg, 58 Meter) führt der alte Skrusdiner Seeweg. Die Mühe des Aufstiegs (rechts ab) lohnt sich, denn von der Anhöhe bietet sich ein weiter Blick über Haff und See. Früher mit niedrigen Kiefern bewachsen, wurde die Anhöhe vermutlich aus militärischen Gründen abgeholzt.

6. Wege zur See

Jede der drei großen Straßen, die nach Nidden führen, leitet den Besucher in umgekehrter Richtung auch an den Strand. Daneben gibt es eine Vielzahl anderer Wege zur See. Vom »Hotel Ruta« führt ein Weg zur Nehrungsstraße und zum Strand, beim ehemaligen »Hotel Hermann Blode« beginnt der Skrusdiner Seeweg, vom Ortsteil Purwin der Purwiner Seeweg. Zwischen Leuchtturm und Pillkoppener Weg/Taikos gatvė verläuft ebenfalls ein Weg zum Strand. Auch den stillen Badeweg nördlich der Seestraße/Kuverto gatvė gibt es noch. Die Schlucht Richtung Urbo kalnas nannte man früher Verlobungsweg.

7. Zum Elchrevier

Nördlich von Nidden erstreckt sich rechts der Nehrungsstraße das Elchrevier. Das Gebiet war früher ein beliebtes Ziel für Ausflügler mit dem Pferdewagen. Diese waren deshalb so beliebt, weil sich Elche beim Anblick der Vierbeiner ruhig verhalten, Spaziergängern dagegen gehen sie gern aus dem Weg.

Ausflug von Nidden/Nida nach Preil/Preila und Perwelk/Pervalka

Die Tagesroute (30 Kilometer) ist für Radwanderer beschrieben, sie kann aber auch mit dem Wagen (Taxi) unternommen werden. Die Strecke führt auf dem Haffweg vom Niddener Ortsteil Purwin in Richtung Norden über den Bullwikschen Haken nach Preil, von dort zu den beiden alten Dorfstellen von Karwaiten, dann zur Perwelkschen Bucht und nach Perwelk. Über den ehemaligen Fischerweg erreicht man die Nehrungsstraße und gelangt zurück nach Nidden. Die Route läßt sich bei genügend Zeit um eine Wanderung zu Fuß nördlich von Perwelk verlängern - mit atemberaubend schönen Ansichten des Dünenfeldes.

Auf der Dorfstraße/Skruzdynės gatvė am Thomas-Mann-Museum vorbei gelangt der Radwanderer in den Niddener Ortsteil ***Purwin.*** Links unter Bäumen befindet sich das neue Hotel *Skalva,* das mit seinen vorgelagerten Holzskulpturen recht ansprechend aussieht. Die wenigen kleinen Häuser, die am Haffufer wie aufgereiht stehen, vermitteln etwas Anheimelndes. Purwin wurde von Fischern aus Negeln gegründet, deren Dorf 1836/46 versandete.

Hinter dem Purwiner Berg (links) beginnt der Bullwiksche Haken. Eine breite, betonierte Abzweigung führt vom Haffweg nach rechts zum Flughafen von Neringa, der in den 70er Jahren angelegt wurde, als der nördliche Teil der Nehrung mit viel Geld und Beton zum sowjetisch-litauischen Vorzeige-Ferienzentrum ausgebaut werden sollte. Ein Besuch der 600 Meter langen Piste lohnt kaum. Die Radtour, die weiter auf dem Haffweg am Bullwikschen Haken vorbei nach Preil führt, ist zwar zu Beginn etwas

Hafen in Nidden - am Abend ein Stelldichein der Hobby-Angler

trist, wird aber nach wenigen Kilometern interessanter. Früher waren hier Weiden für die Kühe zu finden.

Der Weg führt an zwei recht großen, bewaldeten Dünen vorbei: Rechter Hand erstreckt sich der 45 Meter hohe *Bullwiksche Berg,* links etwas weiter entfernt der rund 45 Meter hohe *Giedružes kalnas.* Der Wald zu beiden Seiten des Wegs wurde Anfang der 70er Jahre angepflanzt. Am Bullwikschen Haken erreicht die Nehrung ihre breiteste Stelle, die rund 3,6 Kilometer beträgt - im Gegensatz zu fast vier Kilometer früher. Etwa 2,5 Kilometer weiter trifft man links auf die höchste Erhebung der Nehrung, den 67 Meter hohen *Wetzekrugsberg,* vor dem sich eine große, von Tannen gesäumte Wiese erstreckt, ein Ort von fast unwirklicher Schönheit. An der Nordostseite führt ein Weg auf die Anhöhe, die zwar etwas zugewachsen ist, dennoch den Aufstieg lohnt. Am Wetzekrugsberg reicht die *Große Preilsche Bucht,* von der aus Preil gut zu sehen ist, nah an den Weg heran.

linke Seite: Romantisches Holzhaus am Preilschen Berg

rechte Seite: Kleine Preilsche Bucht, hinten Preil (oben) - Baumschule (unten)

Nach insgesamt vier Kilometern Wegstrecke ist das Ende des Bullwikschen Hakens erreicht. Links schließen sich die Weiden von Preil an, einige Gärten sowie eine Baumschule, unterbrochen von bewaldeten Dünen, deren höchste der 53 Meter hohe *Preilsche Berg* ist, an den sich malerisch ein romantisches Holzhaus schmiegt. Ein breiter Weg führt auf die Anhöhe, von der sich ein schöner Ausblick auf Haff und See eröffnet. Rechts schimmert durch die Bäume die Kleine Preilsche Bucht, wo der neue Preiler Hafen der Fischerkolchose angelegt wurde. Nach einer Rechtsbiegung ist Preil/Preila erreicht. *(Zu Preil siehe Seite 149.)*

Der Haffweg von Preil nach Perwelk war früher sehr beliebt, führte er doch durch Wiesen und Weiden. Etwa 1300 Meter hinter Preil passiert der Radwanderer den *Ziegenhaken,* linker Hand den *Karwaitenschen Berg* (59 Meter), unter dem die letzte (jüngste) Dorfstelle Karwaitens liegt. Das Dorf, das 1797 endgültig aufgegeben wurde, muß sich links des Weges zum Ziegenhaken befunden haben, etwa gegenüber dem Wasserwerk. Dort wurde am 9. Januar 1776 Martin Ludwig Rhesa geboren. Der »wißbegierige Gänsejunge« (Passarge) sollte als Theologe und Lithuanist der Königsberger Universität weithin bekannt werden. Rhesa ist der Urheber der ersten vollständigen litauischen Bibelübersetzung, die 1816 erschien, er übertrug Donelaitis' »Jahreszeiten«, auf ihn gehen zahlreiche Übersetzungen der »Dainos« zurück, der litauischen Volkslieder, deren Buchausgabe Goethe 1825 sehr wohlwollend aufnahm.

Nach wenigen hundert Metern erreicht man die *Karwaitensche Bucht,* wo am Haffufer eine Gedenksäule für Karwaiten steht, 1976 von Eduard Jonušas geschaffen. Auf ihr steht geschrieben: *»1776 wurde im Dorf Karwaiten der Sammler und Deuter litauischer Volkslieder, der Dichter Ludwig Rhesa, geboren. Im Jahre 1797 wurde dieses Dorf vom Sand verweht.«* (Man mag sich streiten, ob die Säule am richtigen Ort aufgestellt wurde).

Auf dem Weg Richtung Norden passiert der Radwanderer die Waldwiesen und Weiden am Perwelkschen Haken. Die Landschaft hat sich seit der Jahrhundertwende, seit die Düne bepflanzt wurde, kaum geändert. Vor dem Ort liegt linker Hand die *alte Försterei*

oben: Gedenksäule für Alt-Karwaiten - womöglich nicht exakt am historischen Ort
unten: Haubentaucher

Perwelk, heute litauisches Forsthaus. Wer an dieser Stelle die Fahrt abbrechen möchte, biegt vor der Försterei links ab und erreicht, am Kirbste-Berg vorbei, die Nehrungsstraße. Wer dagegen an der Försterei rechts abfährt, erreicht einen sehr angenehmen Ort am Haffufer mit einem Bootssteg und einer Bank unter Bäumen. Geradeaus erreicht man Perwelk/Pervalka. *(Zu Perwelk siehe Seite 150.)*

Wenngleich die Strecke zurück zur Nehrungsstraße (2,5 Kilometer) für Radfahrer recht steil ist, bis Nidden (zwölf Kilometer) ist der Weg angenehm zu fahren. Über die nördliche Zufahrtsstraße erreicht man den Niddener Ortsteil Skrusdin.

Am Haffufer bei Perwelk

Auf der Ostsee ...

Ausflug in das Dünengebiet nördlich von Perwelk/Pervalka

Nördlich von Perwelk breitet sich das vierte große Dünengebiet aus, das sich über etwa acht Kilometer bis Schwarzort/Juodkrantė erstreckt. Dieses Gebiet, das außerordentlich vielseitig und atemberaubend schön ist, kann auf mehreren Wegen erreicht werden: mit dem Wagen über die Nehrungsstraße bis zu den Parkplätzen bei km 20,5/30,5 und km 23/28,0. Das Dünenfeld liegt rechts der Straße hinter einem Waldstreifen. Es ist durchaus möglich, sich mit einem Taxi in Perwelk oder an einem der Parkplätze absetzen

Am Rhesa-Denkmal bei Perwelk

zu lassen und Zeit und Ort für die Rückkehr, etwa an einem der Parkplätze, zu vereinbaren. Radwanderer aus Nidden fahren am Haff entlang bis Perwelk, stellen dort das Rad sicher unter und wandern am Haff entlang Richtung Norden. Eine dritte Möglichkeit: am ***Rhesa-Denkmal*** (siehe Radausflug von Nidden) vorbei in den Wald (danach rechts abbiegen) oder bei der Bienenstation quer durch den Wald Richtung Norden. Nach etwa zwei Kilometern erreicht man die Negelnsche Bucht. Im Prinzip ist es möglich, am Haff bis Schwarzort zu wandern. Man sollte eine solche Tour nur bei genügend Zeit unternehmen, bei schönem Wetter und mit festem Schuhwerk.

Die erste große Bucht nördlich Perwelk ist die ***Negelnsche Bucht.*** Dort lag die jüngste Dorfstelle von Negeln, 1854 vom Negelnschen Berg begraben. Gerade diese Stelle ist eine der schönsten der Nehrung: Die Anhöhe am Birschtwinschen Haken erlaubt eine gute Aussicht auf die Bucht und den Lidomhaken sowie auf die Waldungen am Haffufer zu Füßen des Negelnschen Berges. Dahinter lugen weitere Haken hervor, die - je nach Standort und Lichtverhältnissen - wie Pyramiden erscheinen. Die beiden größeren Haken sind - etwas weiter entfernt - der Negelnsche Haken sowie der Schafenbergsche Haken bei Schwarzort.

Bereits 1447 nennt die Ordenskomturei Memel einen Krug Negeln, um den sich Fischerhäuser scharten. Die Siedlung Negeln, gelegentlich auch Aigella genannt, befand sich am Haffufer zwischen dem Schafenbergschen und dem Negelnschen Haken, etwa bei km 26,2/24,8. Julius Schumann fand dort 1860 einen gerade freigewehten Kirchhof mit Knochen, Schädeln und Sargteilen, ein Stück weiter südlich stieß er auf Steine und Scherben: Es waren die Reste von Alt-Negeln, verweht im Jahre 1675.

Nach 1675 bauten die Fischer ihre Häuser rund einen Kilometer südlich des ***Negelnschen Hakens*** am Haffufer wieder auf, etwa bei km 25,5/25,5. In der großen Pest 1708/10 starb fast die Hälfte der Dorfbewohner. In der Libisbucht am Wingkap bei km 22,3/28,7 lag die dritte Dorfstelle (nach 1723). Aber auch dort fanden die verarmten Fischer keine dauerhafte Bleibe: Bereits 1748 mußten sie weiter nach Süden zu ihrer vierten und letzten Dorfstelle an der Negelnschen Bucht. Nach 1837 zogen die ersten Familien nach Purwin (Nidden), bis 1854 gaben die letzten Bewohner auf und gingen nach Preil und Perwelk. Im Laufe von fast 180 Jahren waren die Dorfbewohner rund sechs bis sieben Kilometer nach Süden gewandert, immer dem weichenden Wald hinterher. Innerhalb von sieben Generationen hatten sie viermal ihr Dorf verlassen müssen.

oben: Negelnsche Bucht
unten: Am Lidomhaken

PREIL/Preila

(Einwohner: 1939 - 188, 1993 - ca. 200)

Preil und Perwelk haben eine sehr ähnliche Entstehungsgeschichte. Beide Dörfer wurden von Fischern gegründet, deren Heimatdorf Negeln vom Sand verweht worden war - Preil 1843, Perwelk im Jahr darauf. Bereits 1849 zählte man in Preil zwölf Feuerstellen mit 84 Seelen. Obwohl das Dorf verarmt war und steuerlich kaum ins Gewicht fiel, entschlossen sich die Behörden, die drohende Wanderdüne westlich Preils mit großem Aufwand zu bepflanzen. Dort, im Abstand von weniger als hundert Metern von der Dorfstraße, liegt sie noch heute fest.

Bis 1945 galten für die Fischer von Preil strenge Regeln: Südlich des Grabschter Hakens durften sie nicht fischen. Und bis zuletzt hielt sich hartnäckig der Ruf, Preil sei nur ein kleines, armseliges Dorf. Seltsamerweise kamen oft die Maler Max Beckmann und Erich Heckel von Nidden herüber und waren Gast im Hause Pinkis. Max Pechstein wohnte einige Sommer bei Wilhelm Kubillus, Richard T. Birnstengel logierte ebenfalls in Preil, bis er ein eigenes Haus in Purwin besaß. Irgend etwas an Preil muß ihnen gefallen haben.

Die alten Fischerhäuser von Preil liegen fast sämtlich zwischen der Dorfstraße/Preilos gatvė und dem Haff - aufgereiht wie auf einer Perlenschnur und fast alle mit dem Giebel zum Wasser. In der Mehrheit in den 20er Jahren gebaut, einige wenige nach 1900, stehen sie alle unter Denkmalschutz. Keines befindet sich mehr in einem Zustand, den man original nennen könnte: Die Dächer sind mit Ziegeln gedeckt, die Dachstühle ausgebaut, ein jedes Haus hat einen Kamin, viele von ihnen sind bunt angestrichen. Nachdenklich stimmt, daß das Haffufer den Häusern in den letzten Jahrzehnten bedrohlich nahe gerückt ist und mit Beton befestigt werden mußte.

Links im Wald liegt auf einem Sandhügel der alte Friedhof von Preil. Er ist umzäunt und wirkt sehr gepflegt, Gräber aus deutscher Zeit sind erhalten.

Wer nördlich des Friedhofs weiter die Dorfstraße/Preilos gatvė nach Norden hinuntergeht, macht durchaus schöne Entdeckungen, wenngleich Preil heute recht einsam und verlassen wirkt. In den meisten Fällen sind die Häuser Ferienheime, Einheimische wird man nur selten antreffen.

Moderne Bauten findet man vor allem im nördlichen Teil. Das markante, recht wehrhafte und farbenfrohe Bauwerk am Nordende ist ein Ferienheim der Litauischen Akademie der Wissenschaften.

PERWELK/Pervalka

(Einwohner: 1939 - 173, 1993 - ca. 30)

Das Fischerdorf Perwelk auf dem 3,4 Kilometer breiten Birschtwinschen Eck wurde 1844 von Bewohnern Negelns gegründet, deren Häuser versandet waren. Der kurische Name bedeutet soviel wie »hergeschleppt«: Was die Bewohner von ihrem Hausrat retten konnten, trugen und schleppten sie herbei. Perwelk, von Ludwig Passarge als »armseligstes aller Nehrungsdörfer« beschrieben, hat es bis ins 20. Jahrhundert schwer gehabt. Arm waren die Fischer in der Tat: Der Boden gab nichts her, so daß fast sämtliche Lebensmittel vom Festland herbeigeschafft werden mußten. Zu allem Überdruß mußte Perwelk 1880/81 wegen drohender Versandung verlegt werden.

Und dennoch hatte Perwelk, nach Sandkrug das kleinste Dorf der Nehrung, Sommergäste, die die Stille zu schätzen wußten. Prominentester unter ihnen war der Schauspieler und Regisseur Walter Felsenstein. 1930 erhielt das Dorf sogar einen Landungssteg in der Perwelkschen Bucht, wo der Marktdampfer »Hertha« anlegte. Etwas Abwechslung brachten auch die Memeler Segelflieger, die nördlich vom Ort in den Dünen ein Lager unterhielten.

Auch Perwelk zieht sich als Straßendorf am Haffufer entlang. Das Dorf hat sich in den letzten Jahrzehnten grundlegend geändert. Während sich Preil als Fischerdorf treu geblieben ist, hat sich Perwelk zum adretten Feriendorf entwickelt. An fast jedem der alten

Häuser hat sich ein litauischer Architekt versucht. Einige der farbenfrohen Anwesen sind recht gut gelungen, andere sehen erfreulicherweise noch wie alte Fischerhäuser aus, bei manchen haben sich die Architekten in den Proportionen von Dach, Quergiebel, Fenstern und Veranda vertan. Keines dieser umgebauten Häuser ähnelt dem anderen. Da stehen Fachwerkbauten - die es früher auf der Nehrung so gut wie nie gab - mit großen Überdächern, gestaffelte Zweifamilien-Reihenhäuser wurden neben alten Fischerhäusern am Haffufer errichtet. Gleichwohl kann man durchaus noch Entdeckungen machen. Erfreulicherweise existiert der alte Friedhof noch. Er liegt am Südende von Perwelk links der Dorfstraße.

Perwelk hat - in Maßen - mehr Gastronomie zu bieten als Preil, so daß man die Gelegenheit zur Einkehr nutzen sollte, zum Beispiel am Hafen. Wer weiterhin die Gegend erkunden will, dem

In Perwelk haben litauische Architekten ihr Können erprobt

Wohnhäuser in Perwelk

bieten sich zwei Möglichkeiten. Im Wald nordwestlich Perwelks befindet sich eine wissenschaftliche Bienenaufzucht des Landwirtschaftlichen Instituts von Dotunuva. Da weit und breit so gut wie keine Blumen gedeihen, müssen die rund 300 Bienenvölker mit Zuckersirup ernährt werden. Vorteil der Station: Im Umkreis von 30 Kilometern existieren keine anderen Völker, so daß ideale Bedingungen gegeben sind.

Auf dem Weg zur Nehrungsstraße (2,5 Kilometer) biegt rechter Hand ein breiter Weg in den Wald ab. Auf einer kleinen Anhöhe steht auf einem mächtigen Holzstamm eine Büste Ludwig Rhesas, der verträumt auf sein verschüttetes Heimatdorf hinüberblickt. Die Inschrift zitiert die ersten Verse seines Karwaiten-Gedichts:

Weil', o Wanderer, hier und schaue die Hand der Zerstörung!
Wenige Jahre zuvor sah man hier blühende Gärten,
Und ein friedlich Dorf mit seligen Wohnern und Hütten
Lief vom Wald herab bis zu des Meeres Gestade.
Aber anjetzt, was siehst du? Nur bloßen Boden und Sand. Wo
Ist das friedliche Dorf, wo sind die blühenden Gärten? (...)

SCHWARZORT/Juodkrantė

(Einwohner: 1939 - 346, 1993 - ca. 700)

»Keine Stelle [der Nehrung] hat solchen lieblichen Wechsel zwischen See und Haff, geheimnisvollen Schluchten und mit hochstrebenden Fichten bestandenen Hügeln«, rühmte der Heimatforscher Oscar Schlicht in den 20er Jahren das Fischerdorf Schwarzort. Schlicht stand mit seiner Ansicht nicht allein. Begeistert waren die Besucher vom alten Nehrungswald, der den Wanderdünen lange Zeit standgehalten hatte. Andere waren von den amphitheatralischen Dünen fasziniert - drei Wanderdünen, die im Halbrund bedrohlich den Ortskern umlagerten. Dritte wurden nicht müde, die Flora bei

Haffufer bei Schwarzort

Schwarzort zu loben, die Nordische Linnaea etwa und die seltene Stranddistel, die alten Eichen und die mächtigen, hohen Kiefern. Nicht wenige fanden die Bodenformen bemerkenswert, vor allem die Urdünen, die von der Wanderdüne aufgeweht worden waren und um die Jahrhundertwende bepflanzt wurden. Manche entdeckten in Schwarzort ihre romantische Sehnsucht und gaben den stillen Wegen und abenteuerlichen Schluchten eigenartige Namen. Doch die meisten kamen nur aus einem Grund: Sie wollten in dem Seebad ihre Ferien verbringen, im Meer baden und das Stadtleben eine Zeitlang vergessen. Ihnen allen galt Schwarzort als »Perle der Nehrung«.

Geschichte

Bereits zur Ordenszeit gab es an der Seeseite, etwa 2,5 Kilometer nördlich des heutigen Zentrums, eine Siedlung, die als Ursprung von Schwarzort gilt. 1429 meldet das Ordensbriefarchiv Sturmschäden in Schwarzort. Nach dem Zins zu urteilen, den die Bewohner zahlten, war es ein recht wohlhabendes Dorf: 34 Mark gaben die Schwarzorter ab, wohingegen die Niddener 16 Mark, die von Karwaiten nur $7^1/_2$ Mark zahlten. Doch konnte sich Schwarzort an der See nicht lange halten: Sturm und Sand machten der Siedlung ein Ende.

Das neue Dorf Schwarzort geht auf die Verleihung der Kruggerechtigkeit im Jahre 1669 zurück. Der vier Jahre später erbaute Amtskrug am Haffufer wurde »Am Schwarzen Ort« genannt. Vermutlich war der dunkle Nehrungswald, an dem sich die Fischer weit draußen auf dem Haff orientierten, Grund für die Wahl dieses Namens. Die Entstehung des Dorfes war eng mit dem Amtskrug verknüpft, dessen Krüger ab 1680 das Recht hatte, Fischerhäuser zu errichten, mit denen stets eine Fischereigerechtigkeit verknüpft war. 1697 zählte man sechs Fischerwirte, 1770 deren sieben. Man nannte sie »Chatoullbauern«, weil ihre Steuern direkt in die Privatschatulle des Kurfürsten flossen. Als Negeln und Karwaiten untergingen, zogen einige Familien nach Schwarzort, das aufgrund seines alten Nehrungswaldes vor den Wanderdünen geschützt war.

Die ersten Ankömmlinge aus Negeln ließen sich bei der Kirche nieder, die Karwaitener bauten ihre Häuser weiter südlich auf und nannten ihre Siedlung »Neu-Schwarzort«. Später setzte sich der Name Karwaiten durch. Nachdem Karwaiten untergegangen war, wurde Schwarzort Kirchspiel der nördlichen Nehrung.

Hohen Besuch erhielt Schwarzort im Januar 1807 mit dem preußischen Königspaar, das auf der Flucht vor den Truppen Napoleons nach Memel in Schwarzort haltmachte.

Danach wurde es still um Schwarzort. Um 1840 wagten sich die ersten Besucher in das stille Fischerdorf - Pioniere des neuentdeckten Vergnügens, öffentlich - sozusagen unter Zeugen - in der See zu baden. Die Wagemutigen kamen aus Memel, dann gesellten sich Familien aus Tilsit dazu. Die Gäste reisten schließlich so zahlreich an, daß 1861 eine amtliche Badeordnung erlassen wurde. Vier Jahre darauf baute man den alten Amtskrug um, der unter dem Namen »Kurischer Hof« viele zufriedene Gäste beherbergte. Nach einem Brand 1879 wurde das Hotel ein Jahr später wieder aufgebaut. Eine gewisse Berühmtheit erlangte diese Institution durch seinen Stammtisch, genannt »Die Börse«, um den sich täglich um 12 Uhr die lokalen Berühmtheiten versammelten.

1880 stellte das Bade-Komitee den neuen Tourismus auf sichere Beine. Eine große Fläche rings um den Kurischen Hof wurde zum Bau von Ferienhäusern und Sommervillen verkauft. Schwarzort stieg zu einem der beliebtesten Badeorte der Memeler und Tilsiter Bürger auf.

Etwas störend machte sich am 4. Juli 1922 nachmittags um fünf Uhr ein Naturereignis bemerkbar, das als »Schwarzorter Dünensturz« in die Dorfchronik einging.

Ortsbeschreibung

Rund 3,5 Kilometer zieht sich Schwarzort am Haffufer entlang, überragt von einem Dünenhöhenzug, der mit prachtvollen Kiefern bewachsen ist. Diese Kiefern, die zum Teil bis zu 160 Jahre alt sind und besonders gut in den fruchtbaren kleinen Schluchten des Dünenhalbrunds wachsen, geben eine Vorstellung von dem alten

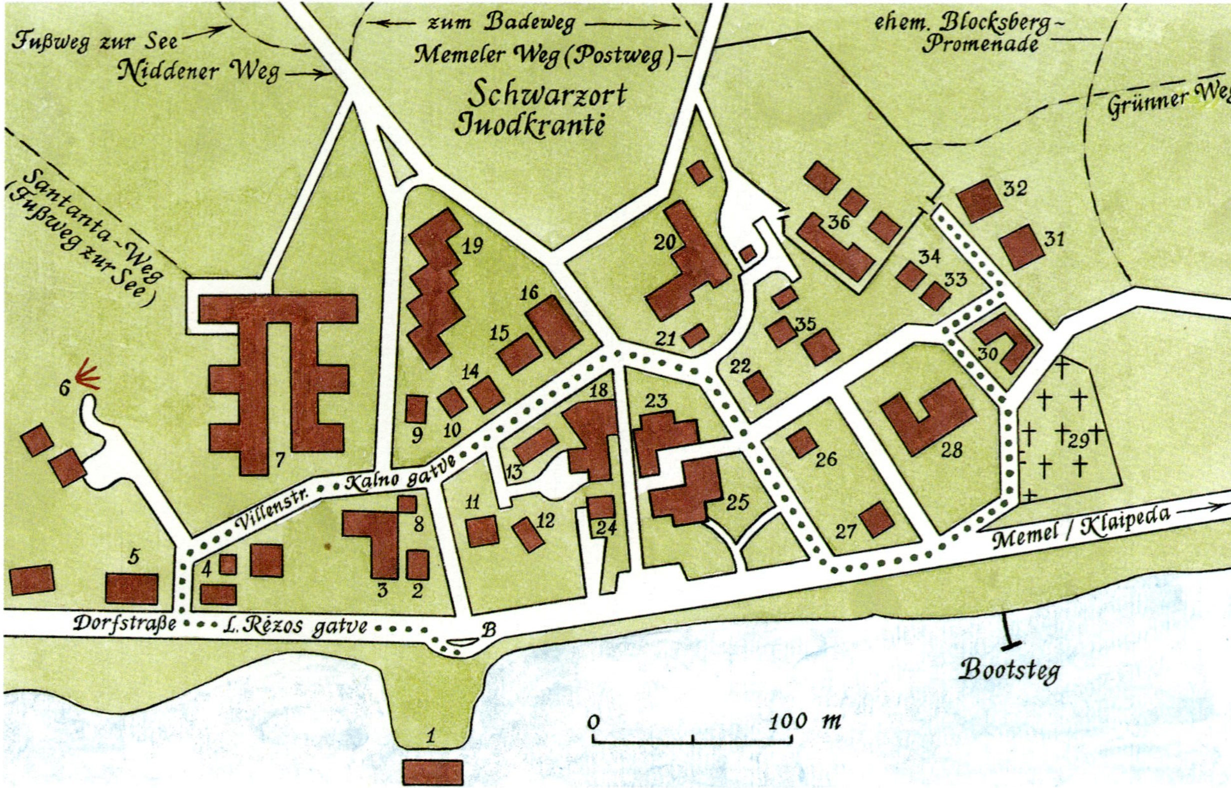
Fußweg zur See
Niddener Weg
zum Badeweg
Memeler Weg (Postweg)
Schwarzort
Juodkrantė
ehem. Blocksberg-Promenade
Grünner Weg
Santanta-Weg (Fußweg zur See)
Villenstr.
Kalno gatve
Dorfstraße
L. Rėzos gatve
B
Memel / Klaipeda
Bootsteg
0
100 m
1
2
3
4
5
6
7
8
9
10
11
12
13
14
15
16
18
19
20
21
22
23
24
25
26
27
28
29
30
31
32
33
34
35
36

Nehrungswald von Eichen, Linden und Birken, für den Schwarzort einst berühmt war.

Der Verlauf des Dünenkessels hat die Struktur des Dorfes maßgebend bestimmt: Nur an den wenigen Stellen, wo der Höhenzug der Dünen zurückweicht, konnten Häuser gebaut werden. So ist die Entstehung Schwarzorts in fünf Ortsteilen zu erklären - von denen jeder einen »eigenen und unverwechselbaren Charakter« hat (Eckhard Matthes).

Bei einem Spaziergang längs der Nehrungsstraße läßt sich rasch ein Überblick über das heutige Schwarzort gewinnen. Der Ortsteil Karwaiten im Süden wird noch heute von alten Fischerhäusern zu beiden Seiten der Dorfstraße geprägt. Die blauen und braunen Holzhäuser versetzen »den Besucher am ehesten zurück in die frühe Zeit Schwarzorts« (Eckhard Matthes). Am Haffufer befindet sich ein großer Schuppen, wo Fischer Aalreusen zum Trocknen auslegen und Pricken zur Befestigung der Netze im Haff vorbereiten. Heute wie früher wird in Schwarzort der Aalfang intensiv betrieben.

Karwaiten wird durch eine breite Düne, die bis an die Dorfstraße heranreicht, vom übrigen Ort abgetrennt. Nördlich dieser Düne liegt das Fischerdorf. Es besteht aus der 1885 eingeweihten neugotischen Backsteinkirche, einigen in den 20er Jahren gebauten

---

Plan des Villenviertels Schwarzort/Juodkrantė
1. Landungsdamm mit Fährhaus; 2. alte Schule; 3. neue Schule (Ludwig-Rhesa-Schule; 4. Fischerhaus von Gottfried Pietsch mit Stall; 5. Hotel May, heute Ferienheim Kregždutė; 6. Ferienheim, von dort schöne Aussicht; 7. Hotel Santauta; 8. ehem. Verkaufslokal von A. Suhr; 9. Villa Monbijou, heute Kulturhaus Juodkrantė; 10. Villa Waldfrieden, heute Botanisches Institut; 11. Villa Flora; 12. ehem. Stallgebäude; 13. Villa Elisabeth, heute Ambulanz, Polizei, Seniunas; 14. Kinderheim, heute Ferienheim Smilga; 15. Ferienheim Smilga (Neubau); 16. Ferienheim Pilkope; 17. alte Kiefer; 18. Post und Bank; 19. Ferienheim Pušynas; 20. Ferienheim Gintaras, ehem. Kurischer Hof; 21. Pavillon des Kurischen Hofs; 22. Villa Hubertus; 23. Geschäftshaus; 24. Werk; 25. Restaurant Naglis; 26. Villa Gerlach; 27. Villa Irmtrud; 28. Ferienheime Elektronas und Jūra; 29. Friedhof; 30. Ferienheim Ausros; 31. Ferienheim (Neubau); 32. Vogelberingungsstation; 33. Villa Liselotte; 34. Neubau im Schwarzorter Villenstil; 35. Neubauten; 36. Kinderferienlager (Sportplatz) und das ehem. Forsthotel (Hotel Bachmann). B - Bushaltestelle.

oben: Hafen von Schwarzort
unten: Haffufer bei Schwarzort

Fischerhäusern und dem modernen Hotelkomplex Ąžuolynas, Ende der 70er Jahre errichtet. Alte Photographien zeigen, daß die Kirche sich kurz nach ihrer Entstehung im Haffufer spiegelte, heute steht sie gut 130 Meter vom Haffufer entfernt. Das sumpfige Gelände wurde durch Aufschüttungen der Bernsteinbaggerei befestigt bzw. gewonnen und konnte anschließend bebaut werden. Das Hotel Ąžuolynas - der Name bedeutet »Eichenhain« - weist auf den alten Nehrungswald hin, der dort einst im alten Pfarrtal wuchs. Gegenüber dem Hotel bietet sich am Ufer ein schöner Ausblick auf das Haff.

Rund 200 Meter weiter nördlich liegt linker Hand der Evaberg, ursprünglich Epha-Berg genannt nach dem Düneninspektor Franz Epha, der die Düne Ende des 19. Jh. bepflanzte. Später hieß der Berg Wilhelmshöhe, heute Raganų kalnas, der ***Hexenberg.*** Dort beginnt und endet der Märchenweg, ein Freilichtmuseum mit über achtzig Holzskulpturen nach Motiven der litauischen Folklore. Links der Dorfstraße reiht sich Fischerhaus an Fischerhaus - bis zur (irrtümlich so benannten) Ievos kalno gatvė (Evaberg-Straße), wo sich die Neubausiedlung Schwarzorts befindet, die bis zur Villenstraße/Kalno gatvė reicht.

Nördlich der Villenstraße/Kalno gatvė schließt sich die berühmte Schwarzorter ***Villensiedlung*** an, der eigentliche Ferienort, der sich bis zum Friedhof erstreckt. Sommerhäuser dieser Art sind auf der Kurischen Nehrung nur noch in Sandkrug zu finden. Sie wurden etwa zwischen 1880 und 1910 erbaut, als Schwarzort aufgrund der Bernsteinbaggerei und des aufkommenden Tourismus eine Zeit der Blüte erlebte. Viele dieser prachtvollen Villen sind heute noch erhalten.

Am Nordende von Schwarzort liegen der ***Bernsteinhafen*** und die ***Baggerkolonie,*** ein Relikt der Bernsteinförderung im letzten Drittel des 19. Jh. In dem rechteckigen Hafen - er wurde durch Aufschüttungen künstlich angelegt - fanden die etwa 230 Dampfbagger, Schuten und Boote der Firma Stantien & Becker Schutz. Auf der anderen Straßenseite lag einst die »Kolonie«, die Siedlung der Arbeiter und Angestellten der Firma. Das Bild dieser Siedlung verrät heute noch, daß dies keine Gegend für Erholungsuchende war.

oben: Fischerhaus in Schwarzort (Buchladen) - unten: Schwarzorter Kirche
Seite 161: Karwaiten - Fischerschuppen mit Aalreusen

Kirche

Nachdem gegen Ende des 18. Jh. die ***Kirche*** von Karwaiten, eine Holzkirche mit Strohdach und Tonnengewölbe, wegen Versandung aufgegeben worden war, baute der Posthalter Schmick in Schwarzort 1795 ein neues Gotteshaus, wodurch das Fischerdorf zum Kirchspiel aufstieg. Im Sommer 1878 brannte das Gotteshaus ab und wurde später an demselben Ort wieder errichtet, im neugotischen Stil und solide in Backstein gemauert. Die am 2. August 1885 eingeweihte Kirche ist erhalten, wenn auch die alte Einrichtung verlorenging. Nach 1945 wurde die Kirche als Lager für Baumaterial verwendet, nach 1976 eröffnete das Kunstmuseum in Vilnius ein Miniaturenmuseum des 16./18. Jh. 1989 wurde die Kirche wieder der evangelisch-lutherischen Gemeinde von Juodkrantė zurückgegeben. Es finden protestantische und katholische Gottesdienste in deutscher und litauischer Sprache statt, eine Tafel an der Kirchtür nennt die Zeiten. Vor der Kirche steht eine Christus-Figur von 1989 (Teatgimsta Tauta).

Ein Märchenweg: Spaziergang auf den Hexenberg/Raganų kalnas

Etwa 400 Meter nördlich der Kirche, am Nordabhang des Evabergs, zweigt links der Märchenweg auf den Raganų kalnas ab, den Hexenberg. Dieser Rundweg ist mit über achtzig Figuren aus der litauischen Märchen- und Sagenwelt bevölkert - mit Hexen und Teufeln, Helden, Jungfrauen und Kobolden. Litauische Künstler schufen diese Skulpturen 1979 bis 1981 nach der Folklore ihres Landes, ließen aber auch Kindermotive und neuere Erzählstoffe, zum Beispiel über die Kurische Nehrung, einfließen. Der Spaziergang, der eine Wegstrecke über die alte Promenade zur Pfarre führt, dauert etwa eine Stunde. Der Weg rings um das inzwischen zugewachsene Große Tannental beginnt an der Nehrungsstraße, passiert Marienblick mit der früher vielgerühmten Aussicht auf das Friedenstal, kreuzt den Fahrweg (gelegentlich auch »Pfarrweg« genannt), führt am früheren Bock-Denkmal vorbei, steigt zur Schlieckmannshöhe an und führt an jenem Ort vorbei, wo früher Louis' Wahl sowie eine Gartenlaubenbank standen. Beim Abgang kreuzt der Märchenpfad den alten Fahrweg ein zweites Mal. Nicht weit vom Ausgangspunkt erreicht der Spaziergänger über einen großen Parkplatz mit Cafés wieder die Dorfstraße.

Rundgang durch das Villenviertel

Zwei Villenviertel gibt es auf der Kurischen Nehrung: in Sandkrug und Schwarzort. Während die Grundstücke nördlich und südlich des Sandkrugs etwa 1900/05 bebaut wurden, war das Schwarzorter Villenviertel rund zwanzig Jahre früher entstanden. Damals, in den 80er Jahren des 19. Jahrhunderts, hatte es in dem Seebad Schwarzort einen Bauboom gegeben, dessen treibende Kraft Eduard Stellmacher war, der Eigentümer des Amtskruges. Eduard Stellmacher (1827/83) war 1865 mit seiner Frau Louise geb. Kolb (1830/1916) nach Schwarzort gekommen, um den Amtskrug samt den großen Kruggrundstücken zu übernehmen. Halb Schwarzort gehörte damals den Stellmachers. Eduard Stellmacher und seine

Abbildungen Seite 162: Am Hexenberg in Schwarzort:
Hexen-Wegweiser zum Hexenberg (o. l.); Neringas Geburt (o. r.);
Der Märchenerzähler (u. l.); Der Fischer (u. r.)

Frau verkauften in den Jahren nach 1880 viele Grundstücke rings um den Kurischen Hof an begüterte Privatiers aus Memel und Tilsit, die binnen weniger Jahre stattliche Häuser in Holzbauweise oder aus Stein errichteten.

Der Rundgang durch das Villenviertel beginnt am Landungssteg und führt über die Dorfstraße/L. Rėzos gatvė nach Süden bis zum Beginn der Villenstraße/Kalno gatvė. Über die Villenstraße erreicht der Besucher das Ferienheim Gintaras als Zentrum des Viertels. Von dort geht der Weg zurück zur Dorfstraße, dann zum Friedhof und die Forststraße/Miško gatvė hinauf.

Vom Landungssteg in Richtung Süden

Landungsdamm
Im 19. Jahrhundert, als der Dampferverkehr auf dem Kurischen Haff einsetzte, wurden Reisende »ausgebootet«, d. h. sie mußten mit Gepäck in kleine Boote umsteigen, und das bei jedem Wetter. Da diese Prozedur - ein Privileg des Kurischen Hofs - recht beschwerlich war, baute man einen geländerlosen Holzsteg, der im Jahre 1880 mit Unterstützung der Bernsteinbaggerei durch einen Landungssteg ersetzt wurde. Dort stand früher eine etwa acht Meter hohe Bake, an der abends eine Laterne zur Orientierung der Fischer auf dem Haff hochgezogen wurde. Der Landungssteg sieht heute eher wie ein Damm aus: Das alte Bollwerk wurde entfernt, die Bäume sind verschwunden.

Schule (seit 1994 Ludwig-Rhesa-Schule)
Die Schule gegenüber dem Landungssteg wurde 1902/03 als Steinhaus im Schwarzorter Villenstil erbaut. Die reichen Giebelverzierungen sind erhalten, die efeubewachsene Veranda im Eingang wurde durch einen schlichteren Vorbau aus Holz und Glas ersetzt. Das Gebäude wurde um einen Neubau erweitert und dient auch heute als Schule.

Fischerhaus
Das massiv gebaute Fischerhaus von Gottfried Pietsch (mit Stall) südlich der Schule war das einzige Gebäude seiner Art im Viertel.

Alte Villa Monbijou, heute Bibliothek

Hotel May
Auch als Hotel Sturmhoefel bekannt. Otto Sturmhoefel erbaute das große Holzhaus 1879 auf dem Anger an der Dorfstraße. Es ist das zweitälteste Hotel in Schwarzort. Bei Schwarzorter Bewohnern waren die Konzerte und Feiern im großen Bühnensaal sehr beliebt. Auf der Veranda luden gemütliche Rohrstühle zu einem Plausch mit Blick aufs Haff ein. Das äußerlich fast unveränderte Haus heißt heute Kregždutė und dient einer Druckerei in Kaunas als Erholungsheim. Die Bühne des großen Saals wurde zu Wohnräumen umgebaut.

Am Hotel May endet das Villenviertel in Richtung Süden. Der Rundweg setzt sich nun in der Villenstraße/Kalno gatvė fort.

Hotel Santauta
Auf dem Boden des 1989 erbauten Hotels Santauta standen früher die Villa Diana, 1883 von Otto Sturmhoefel erbaut, und die Villa Forsthaus, die wie die Schule um die Jahrhundertwende im Villenstil erbaut wurde.

Villa Monbijou
Im Jahre 1881 baute Gerichtsrat Hinz aus Insterburg dieses Haus auf einem höher gelegenen Eckgrundstück links der Villenstraße

und legte einen terrassenartigen Garten an. Heute Kulturhaus von Juodkrantė. Unten befindet sich die Bibliothek, oben wird Gesang unterrichtet.

Hotel Waldfrieden
Auch Villa Jenny genannt. Das Gebäude wurde 1881 neben der Villa Monbijou auf der linken Seite der Villenstraße erbaut. Heute ein Botanisches Institut.

Villa Flora
Kommerzienrat Moritz Becker, einer der beiden Betreiber der Bernsteinbaggerei, baute 1868 dieses Gebäude rechts der Villenstraße. Das stattliche, zweiteilige Holzhaus ist somit eines der ältesten Gebäude in Schwarzort. In Nebengebäuden (nicht erhalten) wurde der geförderte Bernstein sortiert und für den Versand nach Königsberg verpackt. Das Haus - bis Anfang der 90er Jahre war dort die litauische Post untergebracht - steht seit 1992 unter Denkmalschutz.

Villa Elisabeth
Diese Villa ließ Louise Stellmacher nach dem Tod ihres Mannes 1883 für ihre Enkeltochter Elisabeth rechts der Villenstraße errichten. In einem Anbau war 1938/45 die Post untergebracht. Dort hat die *seniune* (Dorfälteste) ihr Büro, dort sind auch die Polizei und eine Ambulanz untergebracht.

Ferienkolonie
Auch als Villa Löbell oder Villa Bein bekannt. Das Haus der Gutsbesitzerin Caecilie Bein aus Warrischken bei Tilsit wurde 1881 erbaut. 1905 erbten die Stadt Tilsit bzw. der Kreis Memel die beiden Häuser - mit der Auflage, dort eine Ferienkolonie für Kinder einzurichten. Ein Teil des Anwesens gehört zum Ferienheim Smilga.

Ferienheim Smilga
Wo sich heute der Neubau des *»Smilga«* erstreckt, befand sich früher die Villa Linanna, 1881 erbaut. Der Name ist eine Verbindung aus den Namen Lina und Anna. Im Garten befanden sich um die Jahrhundertwende eine Äolsharfe und ein Glasglockenspiel, die bei Wind sanfte Weisen erklingen ließen.

Post
Auf dem Grundstück stand früher das 1863 erbaute Logierhaus III. In der Post ist ebenfalls eine Bank zu finden.

Gintaras
Das Hotel *Gintaras* (Bernstein) wurde auf den Fundamenten des traditionsreichen Kurischen Hofs errichtet. Im Jahre 1865 kaufte Eduard Stellmacher den alten Amtskrug und renovierte das Anwesen für Feriengäste. Das Gebäude brannte 1879 nieder, woraufhin Stellmacher das Haus ein Jahr darauf als *»Kurischen Hof«* wieder aufbaute. Der Kurische Hof, das älteste (und größte) Hotel in Schwarzort, wurde 1903 für 100 000 Reichsmark an den Pächter R. Gudatis verkauft, dessen Familie das Haus bis 1938 betrieb. Danach gehörte es dem Memeler Beamtenbund. Besonders beliebt waren samstags die *»Réunions«,* die Tanzabende der Badegesellschaft. Täglich trafen sich im Pavillon gegen 11 Uhr Kurgäste zum humoristischen Stammtisch *»Die Börse«,* für dessen Zutritt eine Platzkarte zu lösen war. In der Warmbadeanstalt konnten Erholungsuchende alle Arten medizinischer Bäder nehmen. Hinter dem Haus stehen noch zwei kleine Gebäude, die früher zum Kurischen Hof gehörten.

Pavillon des Kurischen Hofs
Vor dem Kurischen Hof erstreckte sich ein Garten mit einem Pavillon, in dem Musiker zum Kurkonzert aufspielten. Das ansehnliche Häuschen ist erhalten und wird auch heute für Musikveranstaltungen genutzt.

Villa Hubertus
Dem Besucher fällt die altehrwürdige Villa Hubertus neben dem Kurischen Hof sofort ins Auge. Das Gebäude wurde 1899 im »modernen Stil« mit Turm, vor- und einspringenden Veranden und Altanen erbaut. Auf dem Grundstück der Villa Hubertus stand früher der Amtskrug *Am Schwarzen Ort,* von dem die Gründung des Dorfes ausging. Da der Amtskrug auch Posthalterei war, versteht es sich, daß im unteren Teil des Turms bis 1938 die Post untergebracht war.

Geschäftshaus
Das Logierhaus II, eines der ältesten Gebäude des Viertels, mußte einem Geschäftshaus weichen. Das am Badeweg gelegene Anwesen gehörte zum Kurischen Hof und diente in den frühen 1860er Jahren der Post als Lager.

Villa Gerlach
Die stattliche Villa Gerlach, die ehemalige Pension *»Je länger je lieber«,* gehörte der Familie Gerlach aus Memel.

AUF DER DORFSTRASSE / L. REZOS GATVĖ ZUM FRIEDHOF

Villa Irmtrud
Die Villa Irmtrud, auch »Villa Anne Marie« genannt, wurde 1907 erbaut.

AUF DER FORSTSTRASSE / MIŠKO GATVĖ

Ferienheime
Wo heute die Ferienheime *Elekronas* und *Jura* stehen, wurde 1905 das Louisen-Bad erbaut, ein stattliches Warmbad mit einem imposanten Turm.

Friedhof
Der Friedhof bestand früher aus einem kleinen Privatfriedhof der Familie Stellmacher und dem Gemeindekirchhof. Beide sind heute zusammengelegt. Deutsche Gräber sind erhalten.

Ferienheim
Wo sich heute das Ferienheim *»Aušros«* erhebt, stand früher die Villa Sommer, ehemals Pensionat und Gartenrestaurant *Lehmann.* Die Inhaber feierten 1909 den 25. Jahrestag des Hauses.

Villa Liselotte
Das steinerne Haus wurde nach 1903 von Frau Rutkowsky aus Königsberg für ihre Tochter Liselotte nahe dem Friedhof erbaut.

Ferienlager für Kinder
Am Grundstück des Kinderferienlagers versperrt ein Zaun den Weg. Dort stand die Villa Maria, dessen Eigentümer L. Stellmacher

Friedhof in Schwarzort

war. Erhalten ist das Forsthotel, 1895 von Frau Müller aus Memel erbaut. Es wurde mehrfach umbenannt. Nach 1938 gehörte das Haus zum Kurischen Hof und erhielt den Namen »Forsthotel«. Daneben beginnt die Promenade zum Blocksberg (nicht mehr ganz begehbar), gegenüber liegt der Croquetplatz.

Friedhof

Schwarzort hatte einst einen Gemeindefriedhof sowie einen Privatfriedhof der Familie Stellmacher. Das Gelände zeigt heute einen größeren Gottesacker mit einer Gruppe erhaltener Gräber

aus deutscher Zeit, umgeben von litauischen Grabstellen. Das prominenteste Grab gehört der Familie Stellmacher, die den Fremdenverkehr in Schwarzort begründete: Auf einer respektablen Granitsäule sind die Namen C. Th. Eduard Stellmacher (1827/83) und seiner Frau J. M. Louise Stellmacher geb. Kolb (1830/1916) eingemeißelt, eine polierte Grabplatte erinnert an Karl Stellmacher (1862/1930), den erfolgreichen Hotelier.

Die Schwarzorter Bernsteinfunde

Im Jahre 1855 stießen Arbeiter, die die Fahrrinne bei Schwarzort ausbaggerten, auf beträchtliche Bernsteinfunde. Die Rede war von etwa neun Zentnern Bernstein, den die Arbeiter »für billigen Preis« im Krug verkauften.

Der findige Unternehmer Friedrich Wilhelm Stantien aus Memel ließ daraufhin mit einigen Handbaggern vor Schwarzort nach Bernstein suchen - und machte das Geschäft seines Lebens. 1860 gründete er mit seinem früheren Angestellten Moritz Becker die Firma Stantien & Becker, die mit der Regierung zwei Jahre darauf einen vorteilhaften Vertrag abschließen konnte: Stantien & Becker übernahm fortan auf eigene Kosten das Ausbaggern der Fahrrinne und erhielt dafür die Lizenz für die Bernsteinförderung bei Schwarzort - immerhin gegen fünf Taler pro Bagger und Arbeitstag. Die Förderung lief sehr vielversprechend an, so daß Stantien & Becker bereits im ersten Jahr über fünfzig Arbeiter einsetzen konnte. Die einfachen Handbagger wurden durch Dampfbagger ersetzt, die - wie alle Produktionsmittel - in eigenen Werkstätten hergestellt wurden. In kurzer Zeit entstanden auf dem Gelände gegenüber dem Hafen eine Dampfkesselschmiede mit sechzehn Essen, Dampfhammer und Walzwerk, Maschinenwerkstätten, drei Gießereien, Reparaturwerkstätten und eine Tischlerei. Für die 600 Arbeiter und »Beamten« wurden Baracken und Wohnhäuser, Küche und Speisesaal errichtet. Sogar eine Schule unterhielt die Baggerkolonie 1898/91 (erhalten). In dem künstlich angelegten Hafen lagen zeitweise bis zu 230 schwimmende Einheiten: 22 Dampfbagger, fünf Dampfer, Prähme, Transportschiffe und

Segelschiffe. Diese für die Verhältnisse der Kurischen Nehrung gewaltige Industrieanlage förderte 1864 18 Tonnen, 1865 bereits 26,5 Tonnen und 1868 47 Tonnen. Im Rekordjahr 1883 lag die Jahresförderung bei 75,5 Tonnen Rohbernstein. »Aus dem kleinen weltverlassenen Fischerdorf von 170 Einwohnern wurde eine große industrielle Niederlassung: es wurde das preußische Kalifornien« (Oscar Schlicht).

Hauptfundgebiet war eine Sandbank, die sich nördlich der Grickinnschlucht in etwa 650 Meter Abstand vom Haffufer nach Norden bis zum Haken am Libisberg erstreckte. Der Bernstein lag etwa zwei bis vier Meter unter dem Haffgrund, der mit dampfgetriebenen Baggern abgeräumt wurde. Daraufhin schüttete man den bernsteinhaltigen Sand in Prähme auf Siebe. Gefördert wurde von Frühjahr bis Herbst in Tag-und-Nacht-Schichten. Aufgrund der hohen Erträge stiegen die Abgaben 1880 auf 240 000 Mark jährlich. Als die Förderung nach 1886 abnahm, kündigte Stantien & Becker 1890 den Vertrag. Zehn Jahre darauf wurde die Bernsteinförderung ganz eingestellt. Schwarzort verdankte dem Bernstein viel, doch hatte es sich mit der *»Baggerei«* im Norden nie so recht anfreunden können. Zurück blieben der idyllische Hafen und eine weniger schöne Arbeitersiedlung. Nichts deutet mehr darauf hin, daß hier zwischen 1860 und 1900 eine Industrieansiedlung existierte – die einzige auf der Kurischen Nehrung bis zum Zweiten Weltkrieg.

Bei den Förderarbeiten waren die Arbeiter auf einen Bernsteinschatz aus der frühen Steinzeit gestoßen: grob stilisierte Menschen- und Tierfiguren, Amulette, Knöpfe und Schmuck aus Rohbernstein, Zeugen eines ostbaltischen Kulturkreises vom Ende des 3. Jahrtausends bis etwa zum Beginn des 2. Jahrtausends v. Chr. Insgesamt handelt es sich um 434 Fundstücke aus dem Mesolithikum und dem Neolithikum, die sich heute zu einem Großteil in der Obhut des Instituts und Museums für Geologie und Paläontologie der Universität Göttingen befinden.

Spaziergänge und Wanderungen

1. Am Schafenberg

Um die beiden Reiherberge beschreibt die Nehrungsstraße einen großen Bogen. Da die Düne in Richtung Haff gewandert war, hatte die Poststraße verlegt werden müssen. Rechts der Nehrungsstraße befindet sich ein Parkplatz, der Reisende einlädt, den südlich gelegenen Schafenberg (Avikalnis) aufzusuchen. Ein befestigter Weg führt auf die 38 Meter hohe, nur spärlich bewachsene Düne hinauf. Oben bietet sich ein herrlicher Rundblick.

2. Zu den Reiherbergen

Im Süden von Schwarzort liegen die von mächtigen Kiefern bewachsenen Reiherberge (Garnių kalnas), auf denen seit langer Zeit eine große Kolonie des grauen Fischreihers lebt.

Bei einem Besuch der Reiherberge sollte man nie vergessen, daß der Fischreiher ein außergewöhnlich scheuer Vogel ist, der zwei Feinde hat: den Kormoran und den Menschen. Gegen den ersten kann er sich gut wehren, gegen den zweiten ist er machtlos. Wer die Reiherkolonie besucht, möge sich an folgende Regeln halten: Besuchergruppen haben dort nichts zu suchen. Man sollte sich leise verhalten, am besten gar nicht reden. Händeklatschen oder gar Rufen erschreckt die scheuen Vögel unsäglich. Es kann vorkommen, daß dadurch Jungvögel aus ihrem Horst fallen. Am Boden werden sie nicht mehr gefüttert und müssen zugrunde gehen. Am Haffufer bei den Reiherbergen sitzen oft Jungvögel bei ihren ersten Flugversuchen. Man sollte sie in Ruhe lassen.

3. Wege zur See

Viele Wege in Schwarzort führen zur See. Es handelt sich dabei fast immer um alte Pfade aus deutscher Zeit.

So führt im Süden der schöne Karwaiter Weg (Karvaičių kelias) an den Reiherbergen vorbei zum Strand. Er ist bequem zu gehen, wird aber auch von Autofahrern benutzt.

Hinter dem Hotel *Ąžuolynas* gelangt der Besucher über eine Steintreppe auf einen sehr reizvollen Pfad zur See. Dieser gut ausgebaute Ąžuolynas-Weg kreuzt die Promenade zur Pfarre (die Abzweigung nach links führt zum Reiherberg), durchläuft das Friedenstal und mündet in den Fahrweg, der direkt dem Strand zustrebt. Als Rückweg bietet sich der bequeme Märchenweg an.

Der alte Fahrweg wird irrtümlich auch »Pfarrweg« genannt, hat aber mit der Pfarre nichts zu tun, dafür um so mehr mit »fahren«. Denn auf ihm fuhren die Fischer mit dem Pferdewagen zur Seeseite zu ihren Booten. Dieser Fahrweg beginnt am Hexenberg-Parkplatz, überquert zweimal den Skulpturenpfad und führt über Marienblick an die See.

Im Ortskern verheißen drei Wege ungetrübte Badefreuden: der Niddener Weg, der Badeweg und der Postweg. Der ***Niddener Weg*** (Nidos kelias) beginnt im Villenviertel nördlich des Hotels Santauta und endet an einer früheren Militärbasis, der ehemaligen Rettungsstation. Da dieser Weg auch von Autofahrern benutzt wird, gehen Fußgänger gern links auf dem seitlich verlaufenden Pfad. Der Badeweg, die Litauer nennen ihn »Sandpfad«, zweigt wenige Meter hinter dem Hotel Santauta, etwa bei der Villa Monbijou, vom Niddener Weg rechts ab. Obwohl er angenehm zu gehen ist, wird er meist nur von Einheimischen benutzt. Der ***Memeler Weg*** oder ***Postweg*** (pašto kelias) ist als einziger asphaltiert und führt Autofahrer wie Fußgänger zum Hauptbadestrand. Autofahrer finden zwischen Vordüne und Wald genügend Parkplätze.

Ganz im Norden verläuft der ***Juliusgang*** (Juliaus takas) zwischen Baggerei und Grickinnschlucht zum Blocksberg (Raganos kalnas). Vor dem Blocksberg, etwa bei Müllers Haag, schwenkt der Weg nach Norden, um in die Promenade zur See (Promenada link juros) einzumünden, die zum Strand führt.

4. Zum Blocksberg/Raganos kalnas

Der 48 Meter hohe Blocksberg galt früher mit Fug und Recht als schönster Aussichtspunkt weit und breit. Der Schwarzorter Pfarrer Eugen Lotto versicherte, daß sich die Rundsicht aus »Werners

Blick«, wie der prächtige Glaspavillon auf der Spitze genannt wurde, *»ohne Scheu neben die schönsten der Welt stellen«* dürfe. Besonders bei Sonnenuntergang genossen die Feriengäste den weiten Blick über die See, sahen im Norden die Türme von Memel, entdeckten jenseits des Haffs die altbekannten Ortschaften auf dem Festland, entdeckten im Süden die Hohe Düne bei Nidden. Und am Fuß des Blocksbergs sahen die Besucher die erst um 1900 bepflanzten Wanderdünen, die auf ihrem Marsch Richtung Haff die Baumriesen des Schwarzorter Waldes unter sich begraben hatten.

Über die Forststraße/Miško gatvė erreicht man die Blocksbergpromenade. Linker Hand liegt wie früher der alte Croquetplatz. Unterwegs biege man rechts ab auf den Grünen Weg (verläuft östlich der Blocksbergpromenade). Hinter der Grickinn-Schlucht biegt der Besucher nach links auf den Juliusgang/Juliaus takas, der zum Blocksberg führt.

Für den Rückweg bieten sich zwei andere Pfade an: beim Abstieg links um den Blocksberg herum über die Promenade zur See/Promenada link juros oder geradeaus über den Juliusgang zur Dorfstraße - dorthin, wo früher die mächtige Grickinnlinde stand.

5. Der Dünenweg/Kopų kelias

Der schönste Weg in Schwarzort ist wohl der Dünenweg: Zwischen den hochgewachsenen Kiefern bieten sich unverhofft beeindruckende Ausblicke auf Haff und See. Er verläuft zwischen dem Blocksberg im Norden und den Reiherbergen im Süden auf dem Kamm der Dünen. Unterwegs kreuzt er alle Seewege. Das erste Teilstück zwischen dem Blocksberg, wo der Dünenweg von der Promenade zur See abzweigt, bis zum Postweg ist besonders schön. Der Dünenweg kreuzt den Postweg und führt bis zum Badeweg, auf dem man hundert Meter Richtung See gehen sollte, dann weiter auf dem Dünenweg nach Süden bis zum Niddener Weg. Jenseits des Niddener Wegs führt der Dünenweg nah an der Wegkreuzung »Stern« (Žvaigždė) vorbei, läßt das Tannental links liegen, überquert den Fahrweg sowie den Karwaiter Weg und geht über in den Weg zu den Reiherbergen/Takas į garnių koloniją. Unterwegs hat dieser Spazierweg zwar einige »unwegsame« Strecken, kann aber gut begangen werden – ein Geheimtip für findige Wanderer.

6. Der Mittelweg

Dort, wo die Nehrungsstraße am Nordende der Grickinnschlucht in einem leichten Bogen nach rechts verläuft (km 34,7/16,3), führt links ein Forstweg in den Wald. Von diesem Weg zweigen nach rechts (also nach Norden) im rechten Winkel verschiedene Wege ab, darunter zwei alte Forst- und Wanderwege aus deutscher Zeit: der Mittelweg (nach 750 Metern) und der Fuchsweg (nach weiteren 140 Metern). Wer die nördliche Nehrung abseits der Nehrungsstraße kennenlernen will, sollte einen dieser Wege begehen. Beide verlaufen mehr oder weniger parallel in Richtung Norden und enden nach etwa 16 Kilometern an der Nehrungsstraße zwischen dem neuen Fähranleger und dem litauischen Jachthafen (km 49,9/1,1). Man sollte diese Wege nur mit guten Karten (Meßtischblatt) gehen.

Der schnurgerade und recht breite Mittelweg führt die ersten Kilometer etwa hundert Meter westlich des Kamms der bewaldeten Dünen vorbei: Nach den Gauzeralis-Bergen (42 Meter) und dem Libis-Berg (39 Meter) schließt sich die 1200 Meter lange Kette der Eumberge mit vier Erhebungen an. Zwischen dem Budnischen Haken und der Biesenbucht verläuft der Weg dreimal in Rechts-Links-Kurven, wobei man zweimal auf einen der rechts parallel verlaufenden Wege überwechseln sollte. Als Regel gilt: Man gehe stets auf dem geraden und breiten Weg.

In der Höhe der Biesenbucht weitet sich der Weg zu einer breiten Schneise. Danach wechsle man wiederum auf einen der rechts parallel verlaufenden Wege Richtung Norden. Auf der Nehrungsstraße, die bei km 44,0/7,0 vom Haffufer zur Seeseite wechselt, gehe man in Richtung Haff, um die richtige Fortsetzung jenseits der Straße zu finden. Der korrekte Weg zur Hagenshöh ist recht breit und befindet sich knapp 400 Meter Luftlinie vom Haffufer entfernt. (An der Nehrungsstraße läßt sich, nach etwa zehn Kilometern Fußweg, die Wanderung gut unterbrechen.)

Zwei Wege jenseits der Nehrungsstraße setzen den Wanderweg fort: der schmale und schnurgerade Mittelweg und der interessantere, breitere und gewundene Weg der alten Lorenbahn. Selbst Kennern der Nehrung sind die Bahngleise, die kurz vor der Jahrhundertwende hier verliefen, unbekannt. Die rund sieben Kilometer lange Gleisstrecke wurde nach 1891 angelegt, um Schlick aus dem Memeler Hafen zu den Dünen zu schaffen, die bepflanzt werden sollten. Diesen Weg zu gehen, ist recht leicht. Er ist breit und verläuft in Windungen, mal rechts, mal links des geraden und schmalen Mittelweges. Der Trassenweg passiert den Hügel gegenüber dem Schweinerücken (Strom-Maste, alte Bunkertrümmer), umläuft den 31 Meter hohen Nehrungsberg/Neringos kalnas und überquert die Verbindungsstraße zum neuen Fähranleger. Danach umläuft der Trassenweg Hagenshöh (36 Meter) und erreicht die Nehrungsstraße. Auf der wegen ihres reizvollen Ausblicks sehr beliebten Anhöhe steht ein Granitblock, der an Baurat Hagen erinnert, »den Bepflanzer der nördlichen Nehrung.« Jenseits der Anhöhe strebt der Trassenweg dem Haffufer zu. Südlich des ehemaligen Waldhauses ist »Endstation«. Von dort ist es nicht mehr weit bis zum Jachthafen. Dieses zweite Teilstück des Mittelwegs ist etwa sechs Kilometer lang.

7. Der Fuchsweg (siehe auch »Der Mittelweg«)

Wenn früher die Nehrungsstraße zugeschneit war, benutzten die Schwarzorter den Fuchsweg, um mit Pferd und Wagen nach Sandkrug und Memel zu fahren. Dieser alte Weg markiert bis zum Bärenkopf, also auf rund fünf Kilometern Länge, die Grenze zwischen dem Seewäldchen, einem nach 1830 angepflanzten Erlen- und Kieferngehölz auf der Seeseite, und der Memeler Plantage, die um die Jahrhundertwende angelegt wurde. Die Gauzeralis-Berge wurden 1896 bepflanzt, die Dünen auf der Anhöhe bei Liebestal ließ die Memeler Kaufmannschaft 1895 bis 1900 bewalden. Unter dem Seewäldchen liegen vielhundertjährige Eichen des

Haffufer bei Schwarzort

alten Schwarzorter Waldes begraben, die im letzten Jahrhundert von den Wanderdünen verweht wurden.

Der 16 Kilometer lange Fuchsweg verläuft auf der Westseite am Fuß der Dünen (Gauzeralis-Berge, Libis-Berg, Eumberge u. a.) entlang. Kennzeichnend für diesen Wanderweg ist der »unruhige« Verlauf mit breiten Schneisen, zahlreichen Windungen und Kurven. In Höhe des Bärenkopfes führt der Weg am ehemaligen Gehöft Bärenschlucht/Meškų dauba vorbei. Die rechts verlaufende Nehrungsstraße (km 44,0/7,0) ist dort ganz nah, so daß die Wanderung nach einer Strecke von zehn Kilometern bequem unterbrochen werden kann.

Das zweite Teilstück des Fuchswegs ist rund sechs Kilometer lang und setzt sich ebenfalls links der Nehrungsstraße fort. Etwa 1000 Meter vor dem Ende kreuzt der Fuchsweg eine Straße, die zur See führt (Verlängerung der Straße zum neuen Fähranleger). Wer die Wanderung an der See beschließen möchte, erreicht nach wenigen hundert Metern den Strand (Café). Seinen Abschluß findet der Fuchsweg an der Nehrungsstraße, etwa 1200 Meter südlich des Jachthafens (km 48,9/2,1).

SANDKRUG/Smiltynė und **SÜDERSPITZE**/Kopgalis

Bei Sandkrug gegenüber der Mündung der Dange endete im 18. Jh. die Kurische Nehrung. Sandablagerungen verlängerten die Halbinsel in Richtung Norden um etwa zwei Kilometer. Im Jahre 1792 stellte man fest, daß die Nehrung in den letzten 30 Jahren um 600 Meter länger geworden war. Insofern ist es verständlich, daß die heutige Nehrungsstraße beim alten Fähranleger endet bzw. beginnt (km 51,0/0).

Vermutlich schon zur Ordenszeit befand sich gegenüber Memel der »Krug auf dem Sande«, der aber erst 1616 erwähnt wurde. Fischer aus Nidden und Schwarzort, die zum Memeler Markt unterwegs waren, Postreiter auf dem Weg nach St. Petersburg und Reisende aus Berlin und Königsberg machten vor dem Übersetzen nach Memel im Sandkrug Rast. Bei Sturm und Eisgang konnte sich die Warterei Tage hinziehen. August von Kotzebue schrieb im Sandkrug aus lauter Verzweiflung über die unüberwindbaren Eismassen das Gedicht »Es kann ja nicht immer so bleiben wohl unter dem wechselnden Mond«. Auch Alexander von Humboldt mußte sich im April 1829 in sein Schicksal fügen. Der berühmte Geograph und Tropenfreund charakterisierte die Halbinsel damals als *»Unnatur«*.

Die alte Übernachtungsherberge brannte 1837 ab, an ihrer Stelle legte man einen Holzhafen an. Der neue Krug diente zeitweilig auch als Försterwohnung. Von ihm ist nichts als der Hügel erhalten, auf dem er einst stand. Als um die Jahrhundertwende Süderspitze aufgrund der Dünenbepflanzung für wohlhabende Memeler Bürger interessant wurde, baute man die Gegend um den Sandkrug als Villenvorort Memels aus. Um 1900 entstand das berühmte Kurhaus Sandkrug, das wegen seines Panoramablicks auf Memel gut besucht wurde.

Sandkrug, der Memeler Vorort, bestand aus etwa zwei Dutzend Villen, die nördlich, vor allem aber südlich des alten Fähranlegers am Haff aufgereiht sind. Viele Villen – in ihnen findet man heute Restaurants, Kinderheime und Sanatorien – sind restauriert wor-

Blick von der Kurischen Nehrung auf die Ostsee

den. Auch die Verwaltung des litauischen Nationalparks Kurische Nehrung ist hier untergebracht. Im Süden grenzt Smiltynė an den neuen Jachthafen.

Tausende von Besuchern kommen im Sommer täglich mit der Fähre von Memel zur Nehrung herüber. Vom alten Fähranleger führen zwei Asphaltwege zum Strand, der alte Bohlenweg vom Kurhaus zur ehemaligen Strandhalle ist ebenfalls ausgebaut. Eine vierte Straße verläuft vom südlichen Sandkrug zur Ostsee.

Die Museumsinsel bei Sandkrug

Gut zwei Kilometer mißt das letzte Teilstück der Kurischen Nehrung vom alten Fähranleger bis zur Süderspitze. Diese Strecke, die nicht kilometriert ist, kann bis zur alten Festung bequem zu Fuß zurückgelegt werden (1,3 Kilometer). Der nördliche Teil, also dort, wo früher das Dorf Alt-Süderspitze und die Quarantäneanstalt lagen, ist gesperrt. Längs der Straße haben die Litauer einige Museen eingerichtet, die allesamt zum »Meeresmuseum und Aquarium« gehören.

Im Haus ***Natur der Kurischen Nehrung,*** vermutlich das frühere Gebäude des Wasserbauinspektors, findet der Besucher steinzeitliche Funde (Knochen, Keramik) von der Nehrung, Pläne über die Verschüttung der alten Dorfstellen, deutsche Fachbücher über die Nehrung, Dioramen der Dünenbepflanzung, Modelle, alte Photographien der Nehrungsdörfer und Fischfanggerät. Die Beschriftungen sind durchgehend in Litauisch.

Das ***Haus der Tiere,*** ein Museum mit Tierpräparaten, besteht aus drei Gebäuden. Im südlichen Haus werden Flora und Fauna der Nehrung vorgestellt. Eine Ausnahme sind die Schmetterlinge, die aus dem übrigen Litauen stammen. Im nördlichen Gebäude findet der Besucher präparierte Tiere der Nehrung, unter anderem Biber und Marder, Iltis, Wiesel, Dachs und Igel, Fuchs, Hase und Kaninchen. Auch viele der Vogelarten, die man auf der Nehrung antrifft, können in Ruhe studiert werden: Fischreiher und Kormoran, Falke, Bussard und Sperber, Milan, Lachmöwe und Gimpel. In einem Fachwerkhaus dahinter befindet sich eine Voliere. Auch ein Freigehege mit Elch und Rehbock trifft man an. Ein kleines Café mit Selbstbedienung lädt zu einer Ruhepause ein. Nicht weit vom Café liegt auf einer Anhöhe der alte Friedhof Sandkrug, der deutsche und litauische Gräber vereint.

Beim Fischergehöft

Schiffsausstellung

Nur eines der vier Schiffe, die dekorativ am Haff aufgereiht sind, war früher zum Fischfang auf dem Kurischen Haff eingesetzt. Schiffe wie der fast zehn Meter lange Kleinkutter lösten nach dem Zweiten Weltkrieg die Kurenkähne ab, die in den harten Wintern - und weil niemand mit ihnen etwas anzufangen wußte - verheizt wurden. Das 1949 gebaute Schiff steht »ganz oben« in Richtung Festung. - Die übrigen drei Schiffe (von Süd nach Nord) sind ein Trawler aus einer Klaipėdaer Werft, der 1961 auf dem Atlantik eingesetzt wurde, ein 1954 in der DDR gebautes Trawlerboot (18,4 Meter lang) und ein Kleintrawler (23 Meter) aus Finnland, der seinen Dienst *»in der Fischereiwirtschaft Neringa«* in der Ostsee versah. Für Kinder sind diese ausgedienten Fischfang-Veteranen ein idealer Spielplatz.

oben: Fischergehöft bei Sandkrug (Museum)
unten: Typisches Fischerhaus auf der Kurischen Nehrung

Das ***Ethnographische Fischergehöft,*** ein Freilichtmuseum, ist ein recht ansprechendes Ensemble mehrerer Holzhäuser, in denen einst eine Fischerfamilie lebte, die vom Fischfang in der Ostsee lebte. Wo die strohgedeckten Katen früher einmal gestanden haben, ist nicht angegeben. Im einzelnen sind zu sehen: Wohnhaus und Speicher, Räucherkammer und Badestube. Im Wohnraum befinden sich Fischfanggeräte sowie Arbeitswerkzeuge eines Schiffbauers. Vor der Häusergruppe liegt ein klobiger Kurenkahn, dessen (neuer) Kurenwimpel Purwin - weiße Raute auf schwarzem Rechteck - als Heimathafen angibt.

Das eigentliche ***Meeresmuseum*** mit dem Meeresaquarium befindet sich im alten Fort Süderspitze (zum Fort siehe unten). Die große Anlage wurde in den 70er Jahren aufwendig ausgebaut und ist seit ihrer Eröffnung im Juli 1979 die größte Attraktion weit und breit - mit angeblich 500 000 Besuchern im Jahr. Zu sehen sind Seelöwen und Seebären, Robben und Pinguine, Schildkröten und Haie - kurz gesagt: die Flora und Fauna der Weltmeere. Andere Abteilungen sind den litauischen Gewässern und dem Kurischen Haff gewidmet. In der ehemaligen Redoute wurden das Aquarium und die Meeresfauna-Ausstellung untergebracht. Die zahlreichen Aquarien mit ihren exotischen Fischen sind besonders für Familien mit Kindern interessant, auch die riesige Seeschildkröte (Caretta caretta) ist recht beliebt. Gut besucht sind die Dressurvorführungen mit Seebären und Seelöwen um 12.30 und 17 Uhr (nur im Sommer). Im Museum wartet eine Sammlung von Tausenden von Muscheln und Korallen auf interessierte Besucher. Das Delphinarium (1000 Sitzplätze) neben dem Meeresmuseum wurde im Sommer 1993 eröffnet. Die drei Becken haben ein Fassungsvermögen von 1800 m^2.

Öffnungszeiten für alle Museen: im Sommer dienstags bis sonntags 11 bis 19 Uhr, im Winter 11 bis 18 Uhr. Tel. 91133, 91125.

Im Memeler Hafen

Süderspitze/Kopgalis und Memeler Tief

Den seltsamen Namen Süderspitze für das Nordende der Halbinsel schuf die Seefahrt. Zum Schutz der wichtigen Hafeneinfahrt von Memel wurden Mitte des 19. Jh. zwei Molen gebaut, die weit in die Ostsee hinausragen. Während die Nordermole die Schiffe von den schwierigen Grundseen abschirmt, schützt die Südermole auf dem Nordende der Nehrung die Einfahrt vor dem Versanden. Heute heißt Süderspitze »Kopgalis«, Dünenende. Dieses Terrain, auf dem sich früher die Station zur Rettung Schiffbrüchiger und eine Quarantäneanstalt befanden, kann nicht betreten werden. Wer tagsüber das Tief mit der Fähre passiert, hat den besten Einblick.

Norder- und Südermole am Memeler Tief, beide je 1100 Meter lang, sind nach wie vor erhalten. Sie schützen das an dieser Stelle nur 400 Meter breite Tief vor dem Versanden. Der Leuchtturm auf der Nordseite des Tiefs, blauweiß gestreift und rot behelmt, warnt seit je die ein- und auslaufenden Schiffe vor den Gefahren der berüchtigten Hafeneinfahrt, deren Strömung sehr tückisch ist. Seit Gründung Memels sind am Tief Hunderte Schiffe auf Grund gelaufen. Wie zur Warnung ragt an der Nordermole ein rostiges Wrack halb aus dem Wasser.

Trotz Wind und Wetter, trotz Sturm und Eisgang - an der Süderspitze ließen sich nach 1814 einige Fischerfamilien nieder. Zehn Jahre hielten die Bewohner von Alt-Süderspitze stand, dann wurden ihre Häuser Opfer der Naturgewalten. Sie bauten die kleine Siedlung wieder auf, ihre Kinder gingen später ins Fort zur Schule. Um die Jahrhundertwende zählte Süderspitze »fünf Häuser und ein Gartenrestaurant«, wie Richard Pietsch schreibt. Von der Siedlung ist nichts erhalten. Die Süderspitze ist heute gesperrt, an der Festung ist Endstation.

Festung Süderspitze/Kopgalio tvirtovė

In den 60er Jahren des 19. Jh., als die preußische Verwaltung Königsberg mit einem Ring schöner, aber militärisch nutzloser Stadttore umgab, riß man die 1791 erbaute kleine Festung auf Süderspitze ab, um sie durch ein mächtiges Fort zu ersetzen, das Memel und seinen Hafen schützen sollte. Die Festung bestand aus einem Wassergraben, mächtigen Wallanlagen mit unterirdischen Gängen, die in den Festungshof mündeten, und einer zweigeschossigen Redoute im Zentrum, in der die Festungsmannschaft untergebracht war. Tief in der Erde befand sich der Munitionsbunker. Nachdem das Fort ständig erweitert und verstärkt worden war, mußten die Behörden in den 90er Jahren feststellen, daß »Süderspitze« militärtechnisch überholt war. Daraufhin überließ man die Festung sich selber. Hafenangestellte zogen ein, der Festungsgraben wurde mit dem Haff verbunden und diente als Bootshafen. Im Zweiten Weltkrieg fand die Festung Süderspitze als Munitionslager Verwendung und wurde im Januar 1945 gesprengt.

Seiten 188 und 189: Abschied von der Kurischen Nehrung

Informationen über Fahrten und Ausflüge

Die Kurische Nehrung für Wanderer

Die Kurische Nehrung ist ein Paradies für Wanderer, vor allem für solche, die sich auf die örtlichen Verhältnisse gut einstellen können, die ein wenig Russisch oder Litauisch sprechen und nicht gleich nach einem Luxushotel Ausschau halten. Eigene Initiative ist gefordert, wenn man nach einem wunderschönen Wandertag rings um Rossitten/Rybatschi vor der verschlossenen Tür des einzigen Restaurants des Dorfes steht. Oder wenn nirgendwo Busfahrpläne aushängen. Oder wenn es im einzigen Dorfladen nur Brot, eingelegte Eier und Wodka gibt. Ein hungriger, westlichen Standard gewöhnter Gast erreicht da schnell seine Grenzen.

Generell gilt für beide Teile der Nehrung: Beim Wandern am Haffufer sollte man auf Triebsand achten, in den man bis über die Knie einsinken kann. Stürme verändern die Landschaft mitunter binnen eines Tages völlig bzw. machen freie Wegstrecken unpassierbar. Zelten und offenes Feuer sind verboten. Das Betreten der Dünen abseits der Wege ist untersagt, Dünengebiete vom Haffufer aus zu erkunden, kann einem aber niemand verbieten. Bei Begegnungen mit Tieren - Elchen, Wildschweinen, Bibern, Fischreihern - verhalte man sich ruhig und defensiv.

Wer im ***russischen Teil*** der Nehrung wandert, sollte stets Proviant (Rucksack!), eine Wasserflasche und Mückenschutz mitnehmen. Bei Tagestouren von Königsberg ist es ratsam, bereits am Morgen zu klären, wie man abends zurückfährt. Man sollte die Bushaltestellen kennen und wissen, wann am Abend die letzten Busse verkehren. Wer in einem Restaurant *(Stolowaja, Bufet)* essen will, sollte sich beizeiten nach den Öffnungszeiten erkundigen. Wer zum Übernachten gezwungen ist, kann sich an jeden Dorfbewohner wenden: Zimmer werden gern an Feriengäste vermietet. Beim gebotenen Standard sollte man flexibel sein.

Auf der Nehrung

Wandergebiete im russischen Teil
Nördlich und südlich von Rossitten/Rybatschi (siehe dort), nördlich und südlich von Pillkoppen/Morskoje (siehe dort). Zwischen Rossitten und Pillkoppen liegt ein großes Dünengebiet, das man vom Haffufer aus sehr gut erkunden kann. Das Wandergebiet nördlich von Pillkoppen ist durch die Grenze allerdings nur eingeschränkt begehbar. Siehe Ortsbeschreibungen.

Auf der Nehrung

Im ***litauischen Teil*** der Nehrung ist es leichter, Wanderungen zu unternehmen. Auch hier gilt die Regel: Dünengebiete möglichst nicht abseits der Wege betreten - sie lassen sich sehr gut vom Haffufer aus kennenlernen.

Wandergebiete im litauischen Teil

Südlich von Nidden (Grenze beachten), zwischen Perwelk und Schwarzort sowie nördlich von Schwarzort bis zum Jachtclub. Der litauische Teil der Nehrung ist touristisch wesentlich besser erschlossen, dafür nicht so ursprünglich wie der russische Teil. Siehe Ortsbeschreibungen.

Die Kurische Nehrung für Fahrradfahrer

Fahrradfahrer haben es nicht leicht auf der Nehrung. Die schmale und unbeleuchtete Asphaltstraße, die die Halbinsel durchzieht, bietet nur wenig Anreiz für Radtouren: Die Straße ist eintönig, nicht ganz ungefährlich, und mit Ausnahme von Sarkau und Schwarzort liegen alle Ortschaften östlich der Straße am Haff. Den russischen Teil der Nehrung per Rad zu erkunden, ist nicht ratsam. Nur rings um Nidden und Schwarzort gibt es genügend befestigte Wege, die Radtouren sinnvoll erscheinen lassen. In einigen Hotels in Nidden und Schwarzort können Räder ausgeliehen werden. Eine besondere Herausforderung ist eine Umrundung des Kurischen Haffs mit dem Fahrrad.

Die Kurische Nehrung für Auto- und Busreisende

Für Selbstfahrer, die von Königsberg oder Memel anreisen, kommen meist nur Nidden und Schwarzort als Standort in Frage. Bei den Hotels befinden sich Parkplätze, die in den Prospekten als »bewacht« deklariert sind. Einige Ortschaften (Rossitten, Nidden) sind theoretisch für Kraftfahrzeuge gesperrt, die Strände von Nidden, Schwarzort und Sandkrug können direkt angefahren werden. Tankstelle bei Nidden an der Grenze. Waldwege zu befahren ist untersagt. Die Nehrungsstraße ist recht schmal und wird in aller Regel zu schnell befahren. Unfälle (aufgrund von schlechten Sichtverhältnissen, Begegnungen mit Tieren und Trunkenheit) sind verhältnismäßig häufig.

Ausflüge im Königsberger Gebiet

Cranz/Selenogradsk

Anfahrt: Von Königsberg/Kaliningrad mit der Bahn oder über die Landstraße. Von Nidden/Nida und Schwarzort/Juodkrantė mit dem Nehrungsbus. - *Lage:* An der samländischen Küste an der Wurzel der Nehrung. - *Geschichte:* Im 13. Jh. Ordenskrug. 1816 Königliches Seebad. Königsberg-Cranzer Eisenbahn 1885. Renommiertester Badeort der Samlandküste bis zum Zweiten Weltkrieg. - *Cranz heute:* ca. 10 000 Einwohner. Der Ort hat sich seit 1945 sehr verändert. Die einst weißgestrichenen Häuser schillern heute kunterbunt. Viele Gebäude sind noch erhalten, z. B. in der Königsberger Straße/Uliza Lenina. An der Strandpromenade stehen noch die Pensionen Meeresspiegel und das Café Atlantic. Die ehemals hölzerne Strandpromenade und der Seesteg sind durch eine zwei Kilometer lange Betonpromenade ersetzt worden. Der Sandstrand ist stellenweise ganz verschwunden. - *Gottesdienst:* In der ehemaligen katholischen Kapelle/Hl.-Andrejewski-Kirche, Kirchenstraße/Ul. Moskowskaja Ecke 2. Moskowski Per. Tgl. etwa 8.30 bis 10 Uhr, 17.30 bis 18.30 Uhr. - *Verkehr:* Teilweise Fahrverbot im Zentrum. Kein geregelter Schiffsverkehr über das Haff. - *Hotel:* »Tschaika«, Herrenbadstraße/Ul. Gagarina. - *Restaurant:* »Priboi«, Strandpromenade/Promenad, dienstags bis sonntags 18 bis 2 Uhr. - *Erhaltene Gebäude und Anlagen:* Ev. Adalbertskirche (1897) und Pfarrhaus, Apotheke, Bahnhof, Café Atlantic, Gemeindeamt am Corso, Pension Meeresspiegel, Strandhotel, Villa Margarethe, Kurhaus, Lutherhaus, Post, Wasserturm. - *Umgebung:* Wanderung am Strand in Richtung Sarkau.

Labiau/Polessk

Anfahrt: Von Königsberg/Kaliningrad mit der Bahn oder über die Landstraße. - *Lage:* Unweit des südlichen Haffufers an der Deime. - *Geschichte:* 1258 Ordensburg an der Deime, 1360 vierflügeliges Ordensschloß, 1642 Stadtrecht, 1656 Vertrag von Labiau: volle Souveränität Brandenburgs über Preußen. 1679 Bau des Großen und des Kleinen Friedrichsgrabens. - *Labiau heute:* ca. 10 000 Einwohner. Labiau hat sich in der Nachkriegszeit erheblich verändert. An der Adlerbrücke das Wasserbau- und Wasserstraßenamt. Am Marktplatz das Hotel Deutsches Haus, die Kreissparkasse und Haus Koppetsch am Fischmarkt. Viele Bürger- und Geschäftshäuser sowie die evangelische Kirche (um 1550) existieren nicht mehr. Das alte Ordensschloß brannte in den 60er Jahren aus, heute metallverarbeitender Betrieb. Die Schloßmauer mit dem Uhrturm ist abgebrochen, der Schloßgraben war schon 1902 zugeschüttet worden. - *Erhaltene Gebäude und Anlagen:* Adlerbrücke, Bahnhof, neuer Friedhof mit Denkmal für die Gefallenen von 1914/18, evangelisches Gemeindehaus, Hindenburg-Park, Hindenburg-Sportplatz, Hotel Deutsches Haus, Kreishaus, Kreiskrankenhaus, Kreissparkasse, Lichtspielhaus (1941), Postamt (heute Militärbehörde), Schloß, alte Schule mit Rektorhaus, neue Schule (1936/37), kath. St.-Ansgar-Kapelle, Wasserbau- und Straßenamt, Waisenhaus. - *Hotel:* Forsthaus II – Stätte der Begegnungen, ehemals Forsthaus der Oberförsterei Neu Sternberg in Groß Baum/Sosnowka, 18 Kilometer östlich in Richtung Tilsit/Sowjetsk gelegen, Tel. 23247. - *Restaurant:* »Fregatt«, Königsberger Straße/Kaliningradskaja Ul. 7. - *Umgebung:* Ausflug nach Rinderort/Saliwino, dessen Lage am Haff einmalig schön ist. – Schiffsausflug auf dem 19 Kilometer langen Großen Friedrichsgraben/Nemonin nach Nemonien/Elchwerder, von den Russen »Malaja Matrossowka« genannt.

Ausflüge in Litauen

Memel/Klaipėda

Anfahrt: Mit der Fähre von Kiel oder Mukran (Rügen). Mit dem Flugzeug bis Polangen/Palanga, 30 Kilometer nördlich von Memel. Von der Nehrung aus mit den Fähren bei Sandkrug/Smiltynė sowie von Schwarzort und Nidden. - *Lage:* Am Memeler Tief, der Verbindung des Kurischen Haffs/Kuršių marios mit der Ostsee, zu beiden Seiten der Dange/Dangė. - *Geschichte:* 1252 Gründung einer Burg durch den livländischen Orden. 1254 Stadtrecht. Die Stadt Memel wurde mit regelmäßigem, rechteckigem Grundriß errichtet. Verbot des Baus von Steinhäusern aufgrund häufiger Belagerungen. 1525 wird Memel preußisch. 1629/35 schwedische Besetzung, 1757/62 russische Besetzung. 1802 Treffen von König Friedrich Wilhelm III. und dem russischen Zaren Alexander I. 1807 Flucht des preußischen Königshofs von Berlin nach Memel. 1807/08 provisorische Hauptstadt des preußischen Königreiches. 1833 Anschluß Memels an die Straße Tilsit-Tauroggen. 1854 Großer Brand, dem fast die gesamte Stadt zum Opfer fiel. 1875 Eisenbahn Memel-Tilsit. 60 Prozent der Stadt 1945 zerstört. Große Teile Memels wurden in der Nachkriegszeit wieder aufgebaut. - *Memel heute:* Drittgrößte Stadt Litauens mit 210 000 Einwohnern (40 Prozent Russen). Einziger Seehafen Litauens. Alle fünf Kir-

Memel - Theater und Marktplatz, Simon-Dach-Brunnen mit dem Bronzedenkmal Ännchens von Tharau

chen Memels nach 1945 zerstört. Die Altstadt mit ihrem rechteckigen Grundriß, südlich der Dangė gelegen, wurde weitgehend wieder aufgebaut. Dort befinden sich viele Lagerhäuser, Kontore und Werkstätten. Das neue Stadtzentrum (Friedrichstadt) nördlich der Dangė wurde nach dem Großen Brand geplant, Hauptstraße ist die Libauer Straße/H. Manto.

ALTSTADT – *Festung:* Bereits 1770/80 teilweise geschleift, vollends bedeutungslos nach dem Bau der Feste Süderspitze. Nur Reste erhalten. - *Grüne Apotheke:* 1677 gegründet, heute Apotheker-Utensilien. Friedrich-Wilhelm-Straße/Tiltų gatvė. - *Theater und Marktplatz/Teatro aikstė:* Theater 1819 im Stil der Neorenaissance erbaut, 1854 abgebrannt, Wiederaufbau. Durch einen Anbau bietet sich der Marktplatz heute ganz anders dar. 1912 Errichtung des SIMON-DACH-BRUNNENS mit dem Bronzedenkmal Ännchens von Tharau. (Simon Dach, 1605 in Memel geboren, hatte Anke von Tharaw, Tochter des Pfarrers Andreas Neander, 1633 in seinem berühmtesten Lied besungen.) Das Denkmal ist verschollen; 1989 Aufstellung einer Kopie durch die Ännchen-von-Tharau-Gesellschaft. - *Alte Post:* Hohe Straße/Aukštoji gatvė 13. - *Kl. Sandstraße/Mažoji Smilties gatvė:* Bebauung des 18. Jh. - *Luisenstraße/ Dangės gatvė 14:* Ältestes Wohnhaus von 1795.

NEUSTADT – *Rathaus:* Im klassizistischen Stil errichtet. Residenz des preußischen Königshofs 1807/08. Heute ohne Turm. Fischer-Denkmal von 1971. Dangės gatvė 7. - *Neue Hauptpost:* Im neugotischen Stil errichtet. Sehenswertes Interieur. Turm 42 Meter hoch. 1987 wurde ein Carillon mit 48 Glocken eingebaut. An dieser Stelle stand das Haus des späteren Astronomen Friedrich Argelander (1799/1875), bei dem 1807/08 die königlichen Prinzen lebten. Lindenstraße/Liepų gatvė 16.

MUSEEN – *Museum für Volkskunst:* Pakalnes gatvė 2, geöffnet mittwochs bis sonntags 11 bis 19 Uhr. - *Schmiedemuseum:* Schlosserstraße/Šaltkalvių gatvė 2a, geöffnet mittwochs bis sonntags 11 bis 19 Uhr. - *Museum für Kleinlitauen:* Im Haus des dänischen Vizekonsuls. Geschichte des Memellandes. Lindenstraße/Liepų gatvė 7, geöffnet mittwochs bis sonntags 11 bis 19 Uhr. - *Uhrenmuseum:* Lindenstraße/Liepų 12, geöffnet dienstags bis sonntags

Börsenbrücke in Memel

12 bis 18 Uhr. - *Gemäldegalerie:* Litauische Maler des 16. bis 20. Jh., russische Künstler des 19. und 20. Jh., 1973 eröffnet. Lindenstraße/Liepų gatvė 31-35. Geöffnet dienstags bis sonntags 12 bis 18 Uhr.

HOTELS - *Baltija,* Wiesenstraße/Janonio gatvė 4, Tel. 149 69 - *Hotel Klaipėda,* Neuer Park/Naujo Sodo gatvė 1, 5800 Klaipėda, Tel. (00 37/61) 199 60, 173 24, Fax (00 37/61) 5 39 11, Telex 29 64 37 - *Pamarys,* Šiaulių gatvė 28, Tel. 199 43 - *Prūsija,* Polangenstraße/Šimkaus gatvė 6, Tel. 543 77 - *Vėtrungė,* Taikos pr. 28, Tel. 548 01 - *Viktoria,* Polangenstraße/Šimkaus gatvė 2, Tel. 136 70.

RESTAURANTS - *Hotel Klaipėda,* Neuer Park/Naujo Sodo 1 - *Restaurantschiff Meridianas,* Dangės krantinė (Dange-Ufer) - *Neptunas,* Friedrich-Wilhelm-Straße/Tiltų gatvė 18 - *Neringa,* Spalio pr. 40a - *Žuvėdra,* Bäckerstraße/Kepėjų gatvė 10.

UMGEBUNG - Per Autobus (Busbahnhof neben dem Bahnhof) oder per Vorortzug nach Heydekrug. Mit dem Tragflächenboot (Raketa) nach Kaunas bzw. Schwarzort/Juodkrantė und Nidden/Nida. Mit der Personenfähre zum Strand nach Sandkrug/Smiltynė. Im Sommer Personenfähre zum Meeresmuseum bzw. Strand.

Heydekrug/Šilutė

Anreise: Auf der A228; per Bus oder Vorortzug von Memel/Klaipėda. - *Lage:* An der Sziesze/Šyša. - *Geschichte:* Krug 1511. Einer der größten Wochenmärkte Ostpreußens. Hier lebte der Schriftsteller Hermann Sudermann. - *Heydekrug heute:* Ev. Kirche von 1926 mit dem 50 Meter hohen Turm ist der Mittelpunkt des evangelischen Gemeindelebens im Memelland. Katholische Kirche von 1854. Der Marktplatz/Turgų gatvė ist heute eine freie Fläche. Alte Holzhäuser in der Sudermannstraße. Baptistenkapelle, Amtsgericht (1809), Bürgermeisteramt, Kaiserhof, Volksschule. 22000 Einwohner. - *Museum:* Heimatmuseum/Šilutės Muziejus mit archäologischer Sammlung und Bauernmöbeln des Gutsbesitzers Hugo Scheu, Lietuvininkų gatvė 36, geöffnet dienstags bis freitags 12 bis 18 Uhr, samstags und sonntags 11 bis 16 Uhr. - *Hotels:* »Šiauliai«, Draugystės gatvė 25, Tel. (8-214) 37333; »Nemunas«, Lietuvininkų gatvė 70, Tel. (8-214) 52345 - *Restaurants:* »Baltija«, Vilniaus gatvė 166; »Rasa«, Basanavičiaus gatvė 105; »Rambynas«, Lietuvininku gatvė 68. - *Umgebung:* Wanderungen am Haffufer und längs der Sziesze/Šyša.

Ruß/Rusnė

Anfahrt: Wie Heydekrug, von dort Nebenstraße bis Ruß. - *Lage:* Im Mündungsgebiet der Memel/Nemunas gelegen, umströmt von den Seitenarmen Atmath/Atmata, Pokallna/Pakalne und Skirwieth/Skirvytė. Durch Überschwemmungen häufig von der Außenwelt abgeschnitten. - *Geschichte:* Bekannt als »Flößerstadt«. 1809 Neubau der Kirche. 1914 Bau einer imposanten Bogenbrücke über die Atmath, 1945 gesprengt. Heute Eisenbetonbrücke. - *Ruß heute:* Marktplatz mit Kirche. Schöne Fischerhäuser im Ortsteil Skirvytėlė. Leuchtturm 1873, Wasserpumpstation 1907. Anglerparadies. - *Museum:* Nach Voranmeldung bei Herrn Banys, Tel. 58169.

Windenburg/Ventė

Anfahrt: Über Prökuls zu erreichen. Mit Ausflugsboot von Nidden oder Schwarzort. - *Lage:* Auf der weit ins Kurische Haff vorstoßenden Halbinsel Windenburger Ecke gelegen. - *Geschichte:* Ordensburg 1360, vermutlich am Ort der heutigen Kirche. Burg und Kirche Opfer der Haffstürme. Schauplatz vieler Schiffsunglücke, Ort von Tragödien und Legenden. - *Windenburg heute:* Kirche, Leuchtturm. Schule erhalten. - *Vogelwarte mit Museum:* Zugvögel (z. B. Störche), die nicht die Nehrungsroute nehmen, fliegen bei Windenburg über das Kurische Haff. Auf der Spitze der Windenburger Ecke wurde 1929 eine Vogelwarte gegründet. Im Durchschnitt ziehen im Frühjahr und Herbst 100 000 bis 300 000 Vögel am Tag vorbei. Rekord war der 2. Oktober 1958 mit 1,3 Millionen Exemplaren. 50 000 bis 60 000 werden pro Jahr beringt. Mit Schauausstellung. Im Obergeschoß verglaster Beobachtungsstand. Geöffnet 10 bis 18 Uhr. - *Sonstiges:* Sehr schöne Küstenlandschaft, Vogelparadies auf der Landspitze (Naturschutzgebiet).

Allgemeine Informationen

Anfahrt aus Richtung Süden (Cranz, Königsberg)

- Mit dem Flugzeug oder der Bahn (ab Berlin) nach Königsberg/Kaliningrad. Mit dem Wagen oder dem Bus über Pr. Eylau/Bagrationowsk nach Königsberg/Kaliningrad.
- Anfahrt von Königsberg/Kaliningrad über die Landstraße nach Cranz/Selenogradsk. Hinter Cranzbeek rechter Hand die Zufahrtsstraße auf die Kurische Nehrung.

Die Zufahrt auf die Kurische Nehrung unterliegt gewissen Beschränkungen, die sich je nach Jahreszeit ändern können. Besonders im Sommer werden motorisierte Einzelreisende sehr ungern durchgelassen, organisierte Reisegruppen dagegen haben kaum Probleme. Am Schlagbaum des Nationalparks (km 3,8) sind vorzulegen: Paß, Visum, Kfz-Papiere und ein ***Einlaßschein*** (Propusk), der in Cranz/Selenogradsk oder in Königsberg/Kaliningrad bei einer privaten Tourismusorganisation (meist aber gleich mit Fahrer und Wagen) erworben werden kann. Die Busse der Nehrungslinien werden nur gelegentlich kontrolliert.

Cranz: Selenogradski Bjuro Puteschestwii i Exkursii, Kirchenstraße/Moskowskaja Uliza 34 (am Wasserturm), Tel. 31092, 31533, montags bis freitags 9 bis 17 Uhr.

Anfahrt aus Richtung Norden (Memel)

- Per Flugzeug bis Polangen/Palanga, 30 Kilometer nördlich von Memel/Klaipėda. Per Fähre von Kiel bis Memel/Klaipėda. Mit dem Bus oder dem Wagen über Tilsit/Sowjetsk.
- Bei der Zufahrt von Memel/Klaipėda ist eine Sondererlaubnis nötig. Sie wird von der Stadtverwaltung Memel/Klaipėda gegen Vorlage von Paß und Visum gegen eine Gebühr erteilt oder kann bei Alksnyne (km 43,0/8,0) vor Ort erworben werden.

  Stadtverwaltung Memel: Klaipėdos miesto valdyba, Liepų gatvė 13, Tel. 13795 oder 13641, montags bis freitags.

Anfahrt mit dem Segelschiff

Anreise per Segelschiff ist möglich. Schiffe steuern nach Durchfahrt des Memeler Tiefs den Winterhafen nördlich der Dangė-Mündung an, wo die Paß- und Zollformalitäten erledigt werden. Der Hafen des Klaipėdos-Yachtklubs liegt südlich des Winterhafens am Nehrungsufer (Clubhaus, Duschen/WC). Auskunft erteilt der Segelclub RHE e.V., Grotiusweg 75/77, 22587 Hamburg, Tel. 040/817611.

Baden

Baden ist in der Ostsee nur an den freigegebenen Stränden gestattet, die sich in Höhe der Ortschaften sowie bei Djuny und Chwoinoje befinden. Im Haff ist das Baden untersagt.

Buslinien und Haltestellen

Buslinien: Cranz/Selenogradsk - Sarkau/Lesnoje; Cranz/Selenogradsk - Feriendorf Düne/Tourbasa Djuny; Königsberg/Kaliningrad - Pillkoppen/Morskoje; Königsberg/Kaliningrad - Sandkrug/Smiltynė; Rauschen/Swetlogorsk - Sandkrug/Smiltynė; Nidden/Nida - Wilna/Vilnius; Nidden/Nida - Kaunas.

Bushaltestellen: Königsberg, Hauptbahnhof/Kaliningrad, Jushny Woksal - Cranz, Bahnhof/Selenogradsk - Sarkau/Lesnoje - Nehrungsmuseum/Musei Lessa - Feriendorf Düne/Tourbasa Djuny - Vogelwarte Fringilla/Polewoi Stazionar Fringilla - Rossitten, Nehrungsstraße/Rybatschi - (Rossitten, Ort/Rybatschi) - Pillkoppen, Nehrungsstraße/Morskoje - (Pillkoppen, Ort/Morskoje) - Nidden, Nehrungsstraße/Nida - (Nidden, Rathaus) - (Nidden, Thomas-Mann-Haus) - Preil, Nehrungsstraße/Preila - (Preil, Ort) - Perwelk, Nehrungsstraße/Pervalka - (Perwelk, Ort) - Schwarzort, Kirche/Juodkrantė, Baznycia - Schwarzort, Landungssteg/Juodkrantė - Schwarzort, Hafen/Juodkrantė, Uostas - Sandkrug, alter Fähranleger/Smiltynė, 1. Perkela.

Sonstiges: Russische Busse der Linie Königsberg-Sandkrug lassen die Haltestellen innerhalb der Ortschaften Rossitten, Pillkoppen, Nidden, Preil und Perwelk aus, litauische Busse dagegen nur Rossitten und Pillkoppen. - Busse nach Vilnius und Kaunas werden mit der neuen Fähre (2. Perkela) übergesetzt.

Fähren

1. Die ***Personenfähre*** (***1. Perkela***) von Memel/Klaipėda (Zentrum, nahe der Festung) nach Sandkrug/Smiltynė verkehrt täglich halbstündlich zwischen 6.00 Uhr und 23.00 Uhr, von 23.00 Uhr bis 2.00 Uhr stündlich. Fahrtzeit: zehn Minuten. - Von Sandkrug nach Memel verkehrt die Personenfähre täglich halbstündlich zwischen 6.15 Uhr und 23.15 Uhr; von 23.15 Uhr bis 2.15 Uhr stündlich. - Von 9.00 Uhr bis 20.30 Uhr werden nur dann Autos befördert, wenn wenige Personen die Fähre benutzen. - Vom selben Anleger in Memel fahren im Sommer zwei weitere Motorschiffe zum Meeresmuseum, mittwochs bis sonntags 11 bis 17 Uhr.
2. Die ***Autofähre (2. Perkela)*** von Memel zur Kurischen Nehrung (2 km südlich von Sandkrug) verkehrt täglich stündlich von 7.30 Uhr bis um 20.30 Uhr. - Von der Kurischen Nehrung (2 km südlich von Sandkrug) nach Memel verkehrt die Autofähre täglich stündlich von 7.45 Uhr bis um 20.45 Uhr.
3. Tragflächenboot auf der Linie ***Kaunas - Memel - Schwarzort - Nidden.***

Grenze

Die Grenze zwischen der Russischen Föderation und Litauen auf der Nehrung verläuft vier Kilometer südlich von Nidden.

Nationalparks

Russischer Teil: Leschos, Rossitten/Rybatschi, Nehrungsstraße/Uliza Lesnaja, Tel. (0112) 213 46.

Litauischer Teil: Kursių-Nerija-Nationalpark, Nidden/Nida, Tel. (02 59) 522 48.

Für Tagesausflüge: ***Forstamt Smiltynė,*** Smiltynės 18, Tel. (02 59) 911 23.

Notruf

Feuerwehr 01, Polizei 02, Ambulanz 03.

Telefonieren

Für Litauen und das Königsberger Gebiet gilt: Man wähle eine »8« für die Leitung, warte den Ton ab, wähle die dreistellige regionale Vorwahl (beginnt immer mit einer »2«), danach die Teilnehmernummer.

Königsberg/Kaliningrad: Vorwahl von Europa aus: 0070112. Vorwahl nach Europa: 8-10 und die Ländernetzkennzahl (49 für Deutschland).

Litauischer Teil - Vorwahlen innerhalb Litauens: Neringa - 8-259, Klaipėda - 8-261, Heydekrug - 8-241.

Vorwahl Litauens, aus Deutschland: 00370.

Vorwahlen aus Deutschland: Neringa - 0037059, Klaipėda - 0037061, Heydekrug - 0037041.

Touristeninformation

Russischer Teil: am Schlagbaum bei Cranz Übersichtskarte.

Litauischer Teil: Ortspläne in Nidden (Hafen), Preil, Perwelk, Schwarzort und Sandkrug (Museen). Siehe Ortsinformationen.

Verhaltensmaßregeln in den beiden Nationalparks

Pkws sollten nur auf den vorgesehenen Standplätzen abgestellt werden. Das Verlassen der festen Asphaltstraße mit dem Pkw sollte man unterlassen, Fahrten im Wald sind verboten. Untersagt sind: das Betreten der Vordüne an der Ostsee, der Dünen abseits der Wege, Blumenpflücken und das Zerstören von Pflanzen jeder Art; Zelten, offenes Feuer; Baden zwischen 23 und 7 Uhr, Schwimmen und Tauchen mit Ausrüstung, sportliche Wettkämpfe; Jagd jeglicher Art. Hunde sind stets an der Leine zu führen.

Verkehr

Die Nehrung wird von einer unbeleuchteten und recht schmalen Asphaltstraße in Nord-Süd-Richtung durchzogen. Höchstgeschwindigkeit: 70 km/h. Unfälle sind verhältnismäßig häufig.

Siehe »Buslinien«.

Visa

Es besteht Visapflicht für deutsche Besucher, sowohl für den russischen als auch für den litauischen Teil der Kurischen Nehrung.

Das russische Visum erlischt beim Verlassen des Königsberger Gebiets, auch bei Tagesausflügen; ggf. zwei russische Visa oder Doppelvisum mitnehmen.

Wetter

Es gilt die goldene Regel: Wie finster der Himmel über Königsberg auch sein mag - auf der Nehrung ist das Wetter stets besser. Die Nehrung kennt mehr sonnige Sommertage - und weniger Regen. Die mittleren Temperaturen im Sommer liegen höher als in Königsberg.

Zeit

Es gilt die Osteuropäische Zeit (OEZ), die der Mitteleuropäischen Zeit (MEZ) um eine Stunde voraus ist (OEZ = MEZ + 1). Von Ende März bis Anfang Oktober gilt die Sommerzeit (plus eine Stunde).

Zoll

Bei der Einreise sollte man alle Wertgegenstände, vor allem Schmuck und elektronische Geräte, auf der Zollerklärung aufführen.

Königsberger Gebiet: Der Erwerb von Rohbernstein ist verboten. Kauf von Schmuck, anderen Wertsachen, Kaviar und Pelzen nur gegen Devisen. Die Kaufquittung ist vorzulegen.

Litauen: Ausfuhr von Kunstgegenständen nur mit Genehmigung des Kulturministeriums.

Informationen zu Nidden/Nida (Litauen)

Apotheke: Vita, Pillkoppener Weg/Taikos gatvė 11, Tel. 52238, montags bis freitags 10 bis 17 Uhr.

Bank: Pillkoppener Weg/Taikos gatvė 5, Tel. 52241, montags bis freitags 9 bis 18 Uhr, samstags 12 bis 13.30 Uhr.

Bootsverleih: Dünenweg/Kopų gatvė 1 sowie am Hafen.

Bushaltestellen: Rathaus, Thomas-Mann-Museum und Nehrungsstraße, Auskunft: Tel. 52334.

Einkauf - Gilija: Einkaufszentrum auf mehreren Stockwerken, z. T. mit Selbstbedienung. Für Selbstversorger geeignet. Dorfstraße/Pamario gatvė - Knyga: Verkauf von Büchern, Ansichtskarten, Landkarten, Pamario gatvė 13, Tel. 52209, täglich 12 bis 18 Uhr.

Erste Hilfe: Tel. 03.

Gottesdienst - Evangelisch-lutherische Kirche: Dorfstraße/Pamario gatvė 3, Tel. 52211, sonntags alle 14 Tage evangelischer Gottesdienst (vormittags) - sonntags alle acht Tage katholischer Gottesdienst (nachmittags). Termine an der Kirchentür.

Gemeindeamt: Pillkoppener Weg/Taikos gatvė 28/2, Tel. 52211.

Hotels und Ferienheime

Hotel »Goldene Düne«, Seestraße/Kuverto gatvė 17, Tel. 52212. Im Wald zwischen Nehrungsstraße und dem Hauptdorf gelegen. Besonders geeignet für Gäste, die einen Strand- und Badeurlaub bevorzugen.

Hotel »Jūratė«, Dorfstraße/Pamario gatvė 3, Tel. 52618 und 52619. Im Zentrum von Nidden, nur wenige Meter vom Hafen entfernt. Das Haus mit den markanten Giebeln steht an jenem Ort, wo im Januar 1807 Königin Luise auf der Flucht nach Memel in der Poststation nächtigte.

Hotel »Rūta«, Seestraße/Kuverto gatvė 15, Tel. 52367. Ehemaliges Gästehaus der Regierung. Ruhige Waldlage zwischen der Nehrungsstraße und dem Hauptdorf, eindrucksvoller Pan-

oramablick auf Dünen und Haff. Mit Tennisplatz und Basketball-Anlage. Bewachter Parkplatz. Café *Zum Elch.*
SCHRIFTSTELLERHAUS, Pillkoppener Weg/Taikos gatvė. Neubau in der Nähe des Leuchtturms.
HOTEL »SKALVA«, Purwiner Weg/Purvynės gatvė, Tel. 52346.
HOTEL »VAIVA«, Dorfstraße/Skruzdynės gatvė. Im ehemaligen Gasthof Hermann Blode.

Information, Auskunft: Tel. 09, 52222.

Konzerte: auf der FREILICHTBÜHNE (ESTRADA) am Waldweg nahe beim Skrusdiner Weg (ab 15. Juni) - In der KIRCHE, meist Sonntagabend (dort Aushang).

Krankenhaus: Pillkoppener Weg/Taikos gatvė 11, Tel. 52215 und 52899, täglich 9 bis 14 Uhr.

Kulturzentrum: Taikos gatvė 4, Tel. 52538.

Parkplätze: an den drei Zufahrtsstraßen. **Bewachte Parkplätze:** Kuverto gatvė 15, Tel. 52415, 52708, und Kuverto gatvė 13, Tel. 52706.

Polizei: Pillkoppener Weg/Taikos gatvė 5, Tel. 02, 52202.

Post - POSTAMT: Pillkoppener Weg/Taikos gatvė 13, Tel. 56647, montags bis samstags 10 bis 18.30 Uhr - FERNAMT: Pillkoppener Weg/Taikos gatvė 13, Tel. 52007.

Privatquartiere
TOURISTENBÜRO »ANDRA«: Dorfstraße/Pamario gatvė, Tel. 52604, täglich 10 bis 19 Uhr.
REISEBÜRO »MODUM«: Pillkoppener Weg/Taikos gatvė 4.

Restaurants, Cafés und Bars
FISCHRESTAURANT »ESERINE«, Am Haken/Naglų gatvė 2, Tel. 52757.
RESTAURANT »NIDA«, Dorfstraße/Pamario gatvė 1, Tel. 52745.
RESTAURANT »PETERIS«, Pillkoppener Weg/Taikos gatvė 13 (im Gebäude der Post), Tel. 51199, 52133, täglich 11 bis 23 Uhr.
CAFÉ »UŽUOVĖJA«, Dorfstraße/Skruzdynės 1 (neben dem Thomas-Mann-Haus), Tel. 52742, täglich 11 bis 23 Uhr.

CAFÉ »SEKLYČIA«, Dünenweg/Lotmiškio 1 (bei den Dünen in einem alten Gehöft), Tel. 5 25 50, täglich 11 bis 23 Uhr.
BAR »PUŠELE«, Neubau in Purwin, nahe beim Thomas-Mann-Haus.

Schiffstouren
REISEBÜRO »MODUM«, Taikos gatvė 4, Tel. 5 23 45.
YACHT »NERINGA«, Auskunft: Tel. 5 25 75.
YACHT »SAMBIJA«, Auskunft: Tel. 5 27 68.
KURENKAHN »KURĖNAS«, (Eduardas Jonušas), Auskunft: Tel. 5 23 51, 5 21 51.

Segelfliegerplatz: Rest einer Dachkonstruktion und Gedenkstein, im Wald westlich der Hohen Düne gelegen. Straße zur Aussichtsplattform, dann rechts abbiegen. Hinter einer Autosperre 800 m Fußweg in den Wald.

Sport - BADEN: nur in der Ostsee gestattet - SEGELTÖRN: siehe »Schiffstouren«. Segelregatta im Juli - TENNIS: Pillkoppener Weg/Taikos gatvė 45, Tel. 5 24 11, sowie *Hotel Jūratė* und *Hotel Rūta* - BASKETBALLPLATZ: *Hotel Rūta* - SAUNA, SCHWIMMBAD: Pillkoppener Weg/Taikos gatvė 45, Tel. 5 24 11.

Strand: mehrere Strände an der Ostsee. Der Strand muß abends verlassen werden. Der südliche (FKK-)Strand ist Frauen vorbehalten - Schmaler Haffstrand am südlichen Ortsende Richtung Düne mit Bootsverleih.

Tankstelle: Klaipėdos pl., Tel. 5 26 70.

Taxihalteplatz: Tel. 05, 06.

Thomas-Mann-Haus/Tomo Mano namelis: Dorfstraße/Skruzdynės gatvė 17, Tel. 5 22 60, täglich außer montags 11 bis 19 Uhr.

Unterhaltung: VERGNÜGUNGSZENTRUM »AGILA«, Pillkoppener Weg/Taikos gatvė mit Bistro, Kiosk, Kino.

Verwaltung: BÜRGERMEISTERAMT VON NERINGA in Nidden: Pillkoppener Weg/Taikos gatvė 2, Tel. 5 22 34, Fax 5 28 56.

Informationen zu Perwelk/Pervalka (Litauen)

Bushaltestellen: an der Nehrungsstraße und im Ort.

Imbiß: Café am Hafen, Dorfstraße/Pervalkos gatvė.

Ruderboot (Vermietung am Hafen an der Mole): Touren z. B. durch die Perwelksche Bucht zum Perwelkschen Haken.

Unterkunft - Ferienheim: HAUS »PERVALKA« mit mehreren Wohnungen in einem Holzhaus. Gemeinsame Küche, Aufenthaltsraum, Kamin, Bad/Dusche im Anbau.

Informationen zu Pillkoppen/Morskoje (Rußland)

Aussichtspunkte: Ephas Höhe südwestlich von Pillkoppen mit Blick auf Pillkoppen. Aussichtsplattform am Altdorfer Berg.

Bushaltestellen: an der Nehrungsstraße und im Ort.

Ferienhäuser: 1993 wurden vier Ferienhäuser in schöner Lage am Haff neben der ehemaligen Schule erbaut. Jedes Haus verfügt über sechs Gästezimmer sowie je zwei Küchen. Mit Restauranthaus am Waldrand. Sauna.

Freizeit: breiter Sandstrand beim Ort.

Restaurant: Restauranthaus in der Nähe der Schule am Waldrand.

Informationen zu Preil/Preila (Litauen)

Bootsverleih: an der Mole neben der Schule.

Imbiß: Café an der Dorfstraße/Preilos gatvė 69, geöffnet 13 bis 22 Uhr.

Bushaltestellen: an der Nehrungsstraße und im Ort.

Informationen zu Rossitten/Rybatschi (Rußland)

Aussichtspunkt: Müllers Höhe südwestlich vom Ort mit Blick auf Rossitten.

Bushaltestellen: an der Nehrungsstraße und im Ort.

Einkauf: Lebensmittelgeschäft, Hauptstraße/Uliza Pobedy.

Freizeit: breiter Sandstrand beim Ort.

Gewerbe: Fischfang und Fischverarbeitung, Fremdenverkehr, Holzwirtschaft, Dorfladen.

Gottesdienst: Für den russisch-orthodoxen Gottesdienst reist an hohen Feiertagen ein Pope aus Cranz an.

Institutionen - Biologische Station des Zoologischen Instituts der Russischen Akademie der Wissenschaften: Hauptstraße/Uliza Pobedy - Fischereikolchose Trushenik Morja: Hauptstraße/Uliza Pobedy - Forstdirektion (Kurschski Leschos) und Verwaltung des Staatlichen Nationalen Naturparks Kurische Nehrung (Gosudarstwenny Prirodny Nationalny Park Kurschskoi Kossy): Nehrungsstraße/Uliza Lesnaja - Kulturhaus: Hauptstraße/Uliza Pobedy.

Restaurant, Café
GARKÜCHE in der Hauptstraße/Uliza Pobedy.
CAFÉ an der Nehrungsstraße/Uliza Lesnaja.

Sehenswürdigkeiten

DORFKIRCHE: Kirchstraße/Uliza Gagarina; 1873 erbaut. Heute Kirche des heiligen Sergei von Radonesh. 1992 restauriert. Gegenüber das Pfarrhaus.

FRIEDHOF: 500 Meter südlich von Rossitten, Abzweig beim Haus Uliza Lesnaja 1 (Nehrungsstraße) in Richtung Ostsee.

RUSSISCHE VOGELWARTE: Hauptstraße/Uliza Pobedy. Die »Biologische Station des Zoologischen Instituts der Russischen Akademie der Wissenschaften« ist im ehemaligen Gästehaus des

Kurhauses untergebracht. Mit Schauraum. Besucher werden gebeten, sich im Gebäude zu melden. Öffnungszeiten 9 bis 18 Uhr.

Informationen zu Sandkrug/Smiltynė und Süderspitze/Kopgalis (Litauen)

Bushaltestelle: am Fähranleger (Endstation).

Fähren (siehe auch Seite 203):
1. Vom neuen Fähranleger nach Schmelz/Smelte.
2. Vom alten Fähranleger zur Altstadt von Memel/Klaipėda.
3. Vom Meeresmuseum zur Altstadt.

Freizeit: breiter Sandstrand beim Ort.

Hotel
HOTEL »SMILTYNĖ«, Smiltynės 17, Tel. 91149.

Imbiß: Cafés und Imbißbuden am alten Fähranleger sowie in der alten Schule.

Informationen zu Schwarzort/Juodkrantė (Litauen)

Ambulanz: in der VILLA ELISABETH: Villenstraße/Kalno gatvė 5, Tel. 53245, geöffnet 9.30 bis 14 Uhr.

Ausflüge: Die ORNITHOLOGISCHE STATION in Juodkrantė veranstaltet Ausflüge und Führungen zu den umliegenden Natursehenswürdigkeiten: Forststraße/Misko gatvė 4, Tel. 53151, 9 bis 18 Uhr. Siehe auch Kapitel »Ausflüge«.

Bank: Villenstraße/Kalno gatvė 5a, Tel. 53245.

Bootsverleih: gegenüber dem Friedhof. Am Landungssteg Kurenkahn für Fahrten auf dem Haff.

Bushaltestellen: Fischerdorf, Landungssteg (Villenviertel) und am Hafen.

Einkauf - BUCHHANDLUNG: Bücher, Bilder, Karten zur Region. Deutsche Presse, Kurenwimpel, Souvenirs. Gegenüber der Kirche, Dorfstraße/L. Rėzos gatvė 13, Tel. 5 33 57 - SOUVENIR-KIOSK: am Parkplatz am Fuß des Hexenbergs, Dorfstraße/L. Rėzos gatvė 46a, geöffnet 8 bis 19 Uhr - GUBOJA: großes Geschäft in der Villenstraße/Kalno gatvė.

Gottesdienst: evangelischer Gottesdienst am Sonntagvormittag in litauischer und deutscher Sprache (Aushang an der Kirchentür), katholischer Gottesdienst sonntags 12 Uhr. Dorfstraße/L. Rėzos gatvė 56.

Hotels und Ferienheime

»ĄŽUOLYNAS«, L. Rėzos gatvė 54, 5870 Juodkrantė, Neringa, Tel. (059) 53316, 53310, Fax (061) 53838. Das moderne Hotel liegt gegenüber der Kirche am Kiefernwald, mit Blick auf das Haff. Vom Hotel führt ein Weg zur See.

»EGLIŲ SLĖNIS«, Ievos Kalno gatvė, Tel. 53170 (auch Café).

»GINTARAS«, Villenstraße/Kalno gatvė 2, Tel. 53235.

»JUODAS KALNAS«, Ievos Kalno gatvė 22, Tel. 53425 (auch Café).

»SANTAUTA«, Villenstraße/Kalno gatvė 26, Tel. 53167 (zum Haff nur wenige Schritte).

Institutionen - WISSENSCHAFTLICHE EINRICHTUNGEN: Abteilung des Instituts für Meeresbiologie in Kaunas; Forstwissenschaftliche Abteilung des Instituts für Botanik in Kaunas; Abteilung der wissenschaftlichen Vogelstation - BILDUNGS- UND KULTUREINRICHTUNGEN: Bibliothek, Filiale des Kulturhauses Nida, Kinderferienlager, Kindergarten, Schule.

Lebensmittel

»DILĖ«, Dorfstraße/L. Rėzos gatvė 6.

»GUBOJA«, Villenstraße/Kalno gatvė 1.

»JUODAS KALNAS«, Ievos Kalno gatvė 22.
»SMILGA«, Villenstraße/Kalno gatvė 18.

Post: Villenstraße/Kalno gatvė 5a, geöffnet dienstags bis samstags 9 bis 14 und 15 bis 18 Uhr - AUSKUNFT: Tel. 5 32 22.

Privatunterkünfte: Vermittlung in der Buchhandlung, Dorfstraße/L. Rėzos gatvė 13, Tel. 5 33 57.

Restaurants und Cafés

RESTAURANT »NAGLIS« (im Zentrum gelegen), Dorfstraße/L. Rėzos gatvė 6, Tel. 5 32 48.
IMBISSSTUBE »DILĖ«, Dorfstraße/L. Rėzos gatvė 6.
CAFÉ »SMILGA«, Villenstraße/Kalno gatvė 16, Tel. 5 32 83.
CAFÉ »ŽVEJONĖ«, Dorfstraße/L. Rėzos gatvė 30, Tel. 5 32 56.
IMBISSSTUBE »AM HEXENBERG«, Dorfstraße/L. Rėzos gatvė 46a, Tel. 5 31 39 (am Parkplatz am Fuß des Hexenbergs gelegen).

Sehenswürdigkeiten - FISCHERHÄUSER: Man beachte besonders die Häuser in Karwaiten, an der Kirche und der südlichen Dorfstraße - FREILICHTMUSEUM: »Muziejus« - Museum - heißt in Juodkrantė der Märchenweg auf dem Hexenberg. Eintritt frei, Dauer 1 Stunde. Der Weg beginnt an der Dorfstraße/L. Rėzos gatvė und endet am Parkplatz Dorfstraße/L. Rėzos gatvė 46a.

Sport: Tret- und Ruderboote, Fahrrad-Verleih, Mieten von Segel- und Motorbooten, Spaziergänge, Wanderungen. Sauna im Neubauviertel. Baden nur in der Ostsee.

Strand: Wege zum Strand siehe Kapitel »Spaziergänge«. Für Pkw-Fahrer: Postweg/Paštokelias am Hotel Gintaras vorbei oder im Süden am Schafenberg.

Index

Literatur

BERKING, KRISTOF: Ausflug nach Nidden. Ein Sommertag auf der Kurischen Nehrung (Videofilm). Kiel 1993

BEZZENBERGER, ADALBERT: Die Kurische Nehrung und ihre Bewohner. Stuttgart 1889

BRAND, JOH. ARNHOLD VON: Reisen durch die Mark Brandenburg, Preußen, Churland, Liefland etc. Wesel 1702

Erleutertes Preußen. Königsberg 1726

FEDOROW, J. A.: Lessa Jantarnowo Kraja. Kaliningrad 1990

HUMBOLDT, WILHELM VON: W. und C. Humboldt in ihren Briefen. Berlin 1809

JACHMANN, REINHOLD BERNHARD: Nachrichten über die Kurische Nehrung. Preußische Provinzialblätter Bd. I, Königsberg 1829

KURSCHAT, HEINRICH A.: Das Buch vom Memelland. Oldenburg 1968

LOTTO, EUGEN: Illustrierter Führer durch das Seebad Schwarzort. Memel 1903. 2. Auflage 1910

MAGER, FRIEDRICH: Die Landschaftsentwicklung der Kurischen Nehrung. Königsberg 1938

MANN, THOMAS: Über mich selbst. Autobiographische Schriften

MATTHES, ECKHARD: Juodkrantė Schwarzort. Entwurf einer Ortsbeschreibung (Manuskript). Lüneburg 1993

MOLLENHAUER, ERNST: Ein Expressionist aus Ostpreußen. Heidelberg 1992

PASSARGE, LOUIS: Aus Baltischen Landen. Glogau 1878

PIETSCH, RICHARD: Fischerleben auf der Kurischen Nehrung. Berlin 1982

SCHLICHT, OSCAR: Die Kurische Nehrung in Wort und Bild. Königsberg 1924 und 1927

SEMBRITZKI, JOHANNES: Geschichte der Königlich Preussischen See- und Handelsstadt Memel. (2. Auflage) Memel 1926

STEPANAUSKAUS, LEONAS: Tomas Manas ir Nida. Vilnius 1987

TAUTORAT, HANS-GEORG: Rossitten. 1984. Hg.: Landsmannschaft Ostpreußen

THIENEMANN, JOHANNES: Rossitten. Drei Jahrzehnte auf der Kurischen Nehrung. 1927

THIENEMANN, JOHANNES: Vom Vogelzuge in Rossitten. 1931

WILHELMI, HERBERT: Nidden und seine Maler. Heft der Landsmannschaft Ostpreußen, 1977

WOEDE, HANS: Wimpel der Kurenkähne. Würzburg 1965

ZWECK, ALBERT: Litauen. Eine Landes- und Volkskunde. Stuttgart 1898

Laumann Reiseführer

Herausgeberin:
Mariola Malerek

Riesengebirge
Böhmischer Teil

ISBN
3-87466-172-5

Riesengebirge

ISBN
3-87466-131-8

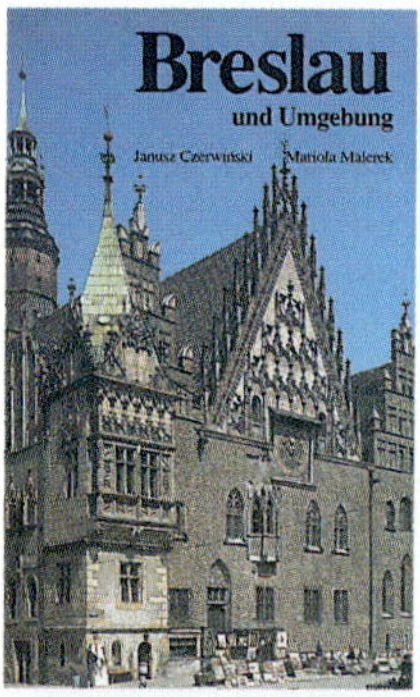

Breslau und Umgebung

ISBN
3-87466-169-5

Der Breslauer Dom

ISBN
3-87466-221-7

Kloster Grüssau

ISBN
3-87466-222-5

Schloß Fürstenstein

ISBN
3-87466-207-1

Laumann Reiseführer

Herausgeberin:
Mariola Malerek

Waldenburger Bergland

ISBN
3-87466-238-1

Glatzer Bergland

ISBN
3-87466-234-9

St. Annaberg
in Oberschlesien

ISBN
3-87466-223-3

Oberschlesisches Industriegebiet und Umgebung

ISBN
3-87466-243-8

Schlesische Beskiden

ISBN
3-87466-177-6

Die Marienkirche in Krakau

ISBN
3-87466-188-1

Laumann Reiseführer

Herausgeberin:
Mariola Malerek

Ermland und Masuren

ISBN 3-87466-173-3

ERMLAND UND MASUREN, die Landschaft im Nordosten Polens und im Süden des ehemaligen Ostpreußen, ist seit vielen Jahren ein beliebtes Reiseziel für erholungsuchende Touristen. Die wunderschöne Landschaft mit den eingebetteten, zahlreichen malerischen Seen, den Kanälen und Flüssen, den ausgedehnten Waldgebieten und den Naturreservaten bietet insbesondere für Naturliebhaber, Wassersportbegeisterte und Fahrradfreunde zahlreiche Möglichkeiten für die »schönste Zeit des Jahres«. Ermland und Masuren mit der Stadt Allenstein als Mittelpunkt ist aber auch eine alte Kulturlandschaft - zahlreiche sakrale Baudenkmäler, Schlösser und in der Zeit des Ordensstaates gegründete Burgen zeugen von dem Wirken der hier lebenden Menschen und laden zu Besichtigungstouren in den Ortschaften und Städten ein. - Der REISEFÜHRER ERMLAND UND MASUREN bietet sich dem Leser und Touristen als Begleiter durch die Landschaft an. Er enthält allgemeine und geschichtliche Angaben, Vorschläge für Besichtigungstouren zu Lande und zu Wasser und einen umfangreichen, teilweise mit Stadtplänen ergänzten, beschreibenden Teil der Ortschaften und Seen. Am Schluß sind wichtige Anschriften, Adressen und Telefonnummern sowie ein Verzeichnis wichtiger Ausdrücke, Redewendungen und häufig anzutreffender Hinweistafeln zusammengestellt. Ein zweisprachiges Verzeichnis der Orts- und Seennamen und eine Karte der Gegend vervollständigen den Informationsteil.

Die Reihe wird fortgesetzt.

Laumann-Verlag

Postfach 1461 · D-48235 Dülmen · Telefon (0 25 94) 94 34-0 · Fax (0 25 94) 29 98

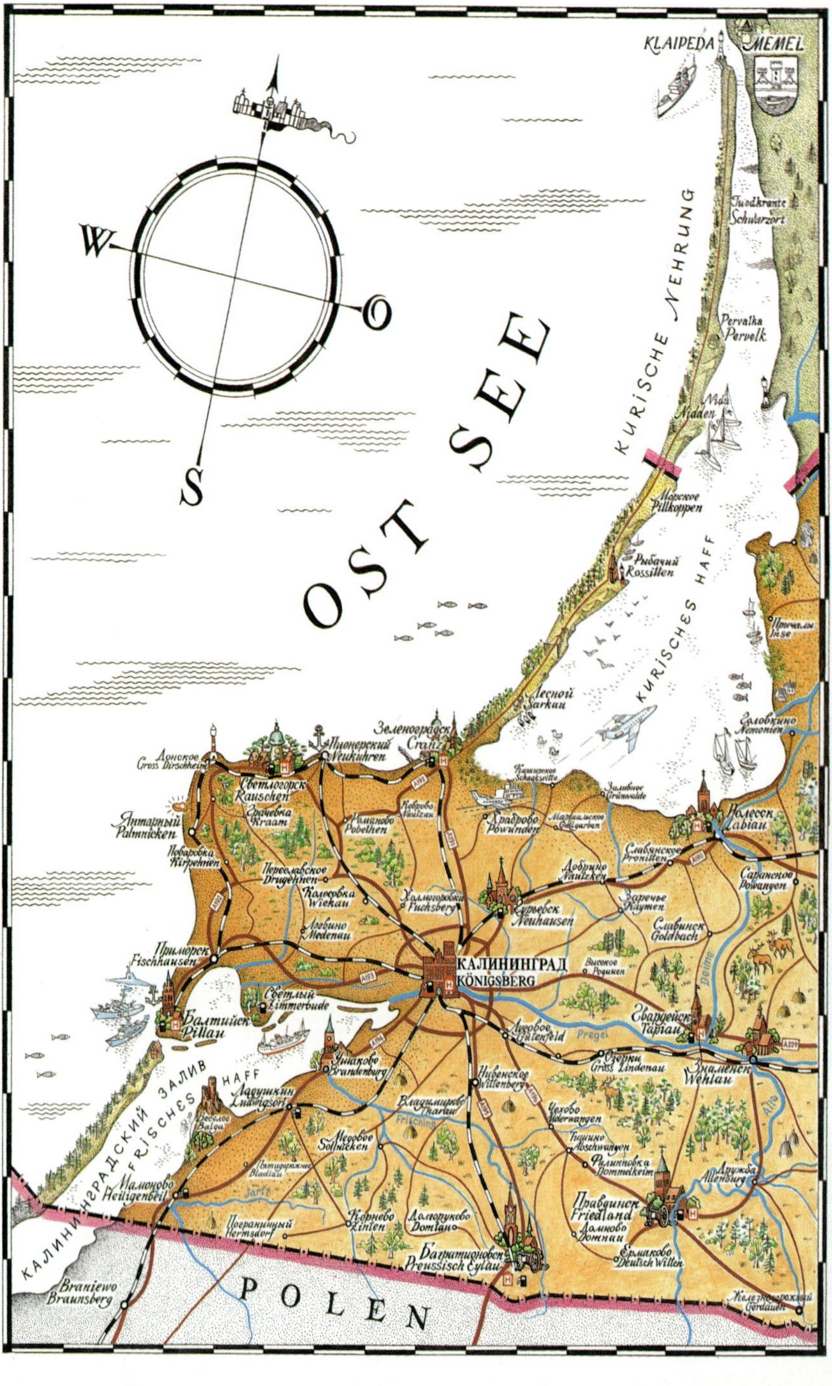

KLAIPEDA
MEMEL
W
O
S
OST SEE
KURISCHE NEHRUNG
Juodkrante
Schwarzort
Pervalka
Pervelk
Nida
Nidden
Морское
Pillkoppen
Рыбачий
Rossitten
KURISCHES HAFF
Inse
Лесной
Sarkau
Nemonien
Зеленоградск
Cranz
Пионерский
Neukuhren
Донское
Gross Dirschkeim
Светлогорск
Rauschen
Kraam
Янтарный
Palmnicken
Kirpehnen
Романово
Pobethen
Переславское
Drugehnen
Wiekau
Холмогоровка
Fuchsberg
Medenau
Храброво
Powunden
Gallgarben
Grünwalde
Полесск
Labiau
Славянское
Pronitten
Добрино
Nautzken
Гурьевск
Neuhausen
Заречье
Kaymen
Саранское
Powangen
Славинск
Goldbach
КАЛИНИНГРАД
KÖNIGSBERG
Приморск
Fischhausen
Балтийск
Pillau
Светлый
Zimmerbude
Луговое
Gutenfeld
Pregel
Deime
Гвардейск
Tapiau
Озерки
Gross Lindenau
Знаменск
Wehlau
Ушаково
Brandenburg
Ладушкин
Ludwigsort
Balga
Нивенское
Wittenberg
Владимирово
Tharau
Frisching
Чехово
Uderwangen
Sollnicken
Bladiau
Мамоново
Heiligenbeil
Jarft
Dommelkeim
Дружба
Allenburg
Alle
Правдинск
Friedland
Корнево
Zinten
Domtau
Пограничный
Hermsdorf
Domnau
Багратионовск
Preussisch Eylau
Ермаково
Deutsch Wilten
Железнодорожный
Gerdauen
КАЛИНИНГРАДСКИЙ ЗАЛИВ
FRISCHES HAFF
Braniewo
Braunsberg
POLEN
A192
A193
A194
A195
A190
A229